Christian Bahr

Parks in Berlin

Die 50 schönsten Grünanlagen
zwischen Pankow und Britz

Mit Fotografien von Günter Schneider

Jaron Verlag

Ganzseitige Abbildungen
S. 6: Gärten der Welt; S. 10f.: Schlosspark Schönhausen;
S. 50f.: Gutspark Marienfelde; S. 92f.: Volkspark Friedrichshain;
S. 140f.: Ludwig-Lesser-Park; S. 166f.: Britzer Garten;
S. 192f.: Natur-Park Südgelände; S. 234: Körnerpark

Originalausgabe
1. Auflage 2013

www.jaron-verlag.de
Umschlaggestaltung: Bauer + Möhring, Berlin, unter Verwendung eines Fotos von Günter Schneider (Gutspark Marienfelde)
Satz und Layout: Prill Partners | producing, Barcelona
Lithographie: Bild1Druck GmbH, Berlin
Karte: Matthias Frach, Berlin
Druck und Bindung: AZ Druck und Datentechnik GmbH, Berlin

ISBN 978-3-89773-420-3

Inhalt

Zur Geschichte der Berliner Parklandschaft

Der Weg zum nächsten Park ist nicht weit für den, der in Berlin wohnt. Mehr als 2500 öffentliche Grün- und Erholungsanlagen gibt es in der Hauptstadt, ihre Fläche nimmt etwas mehr als sieben Prozent des Stadtgebiets ein. Daraus für dieses Buch eine Auswahl zu treffen war nicht leicht. Und doch repräsentieren die 50 Parks, die in diesem Buch beschrieben werden, das gesamte Spektrum der facettenreichen Berliner Parklandschaft: Schlossgärten, Volksparks, ehemalige Gutsparks, Stadtparks, Naturparks, manche mehrere hundert Jahre alt und andere erst vor kurzer Zeit eröffnet. Sie alle tragen zum Ruf Berlins bei, eine grüne Stadt zu sein.

Mit dem städtischen Grün verbindet man natürlich die angenehmen Seiten des Lebens: Entspannung, Freizeit, Sport, Picknick, den täglichen Spaziergang oder den traditionellen Sonntagsausflug. Parks haben aber auch eine faszinierende Geschichte und sind oft Abbild des gesellschaftlichen Wandels.

Die ersten Berliner Parks waren ein Privileg des Adels. An Schlössern, Palais und Gutshäusern angelegt und abgeschirmt von der Öffentlichkeit, dienten sie allein den herrschenden Fürsten und Aristokraten. Unter dem Großen Kurfürsten (1620 bis 1688) kam Mitte des 17. Jahrhunderts die hochentwickelte holländische Gartenkunst an die Spree. Nach dem Dreißigjährigen Krieg ließ der Regent den verwilderten Lustgarten am Berliner Schloss nach Vorbild niederländischer Barockgärten bepflanzen und gestalten. So wurde dieser zur Keimzelle der märkischen Parkkunst.

Auf den holländischen Einfluss folgte das Ideal des Französischen Gartens – das Symbol absolutistischer Prachtentfaltung und perfektionierter Schönheit.

Einen wichtigen Schritt hin zu einem eigenständigen Park, unabhängig von einem feudalen Domizil, stellte der Entschluss Friedrichs des Großen (1712–86) dar, das traditionelle Jagdrevier der Kurfürsten und Könige westlich von Berlin zum geschmückten Lustwald aufzuwerten. Der Tiergarten, der damals vor den Toren der Residenzstadt lag, also kein Schlosspark war – das Schloss Bellevue wurde erst später an seinem Rand erbaut –, sollte fortan für jedermann zugänglich sein. Was 1745 initiiert wurde, vollendete gut 100 Jahre später der Landschaftsgestalter Peter Joseph Lenné, indem er das gesamte Areal des Tiergartens zum „Volksgarten" umgestaltete.

Lenné, als oberster Hofgärtner für die Parks der preußischen Krone zuständig, wagte erstmals auch den Sprung über den königlichen Gartenzaun und dehnte seinen Aufgabenbereich aus. 1840 schlug er einen Parkgürtel um Berlin vor und betonte damit die Wichtigkeit öffentlichen Grüns für die Stadtentwicklung. Diese zukunftsweisende Vision fiel auf fruchtbaren Boden, und zwischen 1846 und 1848 schuf sein Schüler Gustav Meyer den ersten Park im Auftrag der Stadt Berlin: den Volkspark Friedrichshain. Die Idee vom grünen Ring am Stadtrand wurde vorangetrieben mit dem Humboldthain und dem Treptower Park, ebenso von Meyer.

Auch wenn der Respekt vor den Volksparks der ersten Stunde noch nicht sehr ausgeprägt war – große Teile des Friedrichshains wurden überbaut, der Treptower Park wurde wenige Jahre nach der Einweihung für eine Ausstellung zweckentfremdet –, verlagerte sich der Arbeitsbereich der Landschaftsgestalter mehr und mehr auf das kommunale Grün. Der königliche Hofgärtner Gustav Meyer repräsentierte diesen Trend: 1870, ein Jahr, bevor Berlin zur Hauptstadt des Deutschen Reiches aufstieg, gründete der Berliner Magistrat eine städtische „Park- und Gartendeputation", für die Meyer zum ersten Gartendirektor berufen wurde. Nach dem Tod Meyers trat dessen Mitarbeiter Hermann Mächtig die Stelle als Städtischer

Gartendirektor an (1877–1909). Ihm folgten Albert Brodersen (1909–25) und Erwin Barth (1926–29).

Als Berlin vor der Wende zum 20. Jahrhundert zur Millionenmetropole heranwuchs, wurden die Rufe nach neuen Erholungsflächen immer lauter. Entsprechende Aktivitäten wurden jedoch nur in der Peripherie der wachsenden Großstadt verzeichnet. Gegen Ende der Kaiserzeit brach ein regelrechter Wettbewerb zwischen den reich gewordenen Kommunen rund um Berlin um die schönsten Parkanlagen aus. Das Grün in den bürgerlichen Wohnvierteln sollte der Pracht adeliger Gärten nicht nachstehen. Wie in der Baukunst wurde dabei auch in der Parkgestaltung oft auf Stilelemente des Barock zurückgegriffen. Es entstanden eindrucksvolle neobarocke, teils auch vom Jugendstil beeinflusste Kunstwerke, die die Attraktivität der Städte steigern sollten, soziale Gesichtspunkte hingegen unberücksichtigt ließen.

Zur selben Zeit leistete sich die neue bürgerliche Oberschicht repräsentative Villen mit entsprechend schmuckvollen Gärten. Einige dieser privaten Anwesen, die damals fern der Hauptstadt entstanden, wurden im Laufe der ersten Hälfte des 20. Jahrhunderts in öffentliche Parks umgewandelt.

Auch zu den Paradiesen der Hohenzollern, die mit der Novemberrevolution 1918/19 entmachtet wurden, öffneten sich allmählich die Pforten. Noch 1920 erhielt man nur mit persönlicher „Erlaubniskarte“ Zugang zu den Schlossgärten.

Nach der Bildung von Groß-Berlin zu Beginn der Weimarer Zeit konnte endlich dringend nötiges Stadtgrün entstehen. Trotz erheblicher finanzieller Schwierigkeiten realisierte die Stadt eine Reihe von großflächigen Volksparks am Rande der Innenstadt. Den Auftakt machte der riesige Park Jungfernheide, es folgten der Volkspark Rehberge in Wedding, die Schönholzer Heide in Pankow und der Volkspark Tempelhofer Feld. Bedeutend war auch der 175 Hektar umfassende Volks- und Waldpark Wuhlheide, der zwischen 1923 und 1932 im Südosten der Stadt entstand. Bei der Gestaltung der neuen Großparks legten die Planer, anders als noch die Lenné-Meyer-Schule im 19. Jahrhundert, keinen Wert mehr auf zierendes Schmuckgrün oder kunstvolle Anlagen. Gefordert waren Grünflächen, die der Erholung und Bewegung, mithin der Gesundheit der Bevölkerung dienten. Nicht zuletzt sollte das enorme Defizit an Spielflächen in Berlin beseitigt werden, wo mittlerweile knapp vier Millionen Menschen lebten. Nebenbei halfen die neuen Parks, die klimatischen Bedingungen in der dichtbebauten Innenstadt erträglicher zu machen. Um das ehrgeizige Programm umzusetzen, machte sich Oberbürgermeister Gustav Böß 1921 für die Gründung der „Stiftung Park Spiel und Sport" stark, die Spenden sammelte und damit den Ausbau der Stadtparks unterstützte.

Während der nationalsozialistischen Diktatur zeigte der Umgang mit Grünflächen überdeutlich das lebensfeindliche Wesen des Regimes: Der grüne Lustgarten wurde als Aufmarschplatz zugepflastert, in Volksparks wurden Bunker errichtet. Ausgebaut wurde nur der Volkspark Hasenheide – als Ersatz für den Park Tempelhofer Feld, der 1936 dem Flughafenausbau hatte weichen müssen.

Verheerend waren die Folgen des Zweiten Weltkrieges: Der Großteil der Berliner Parks und Grünflächen wurde zerstört. Was das Inferno verschont hatte, rodeten die frierenden Menschen in der Nachkriegszeit. Wiesen und Rasenflächen dienten als Halden für zig Millionen Kubikmeter Trümmerschutt, Teiche wurden verfüllt. Mit dem „Grünen Notstandsprogramm" begann 1949 in der westlichen Stadthälfte die Neubepflanzung der geschundenen Erholungsflächen. Durch den kriegsbedingten Verlust an Gebäuden konnte allerdings auch Gelände für neues oder größeres Grün gewonnen werden. Bis 1966 wurden 1700 Hektar Parkanlagen, Stadt-, Sport- und Spielplätze neu geschaffen.

Um die Wende zum 21. Jahrhundert erlebte das wiedervereinigte Berlin einen neuen Parkboom. Das Ende der 40-jährigen Teilung der Stadt war ein historischer Glücksfall auch für die Berliner Parklandschaft. Insbesondere ausgediente Bahnanlagen, die aufgrund der Berliner Mauer verwaist gewesen waren, konnten nun begrünt werden. Allein auf solchen Arealen entstanden im dichtbevölkerten Stadtzentrum sieben neue Parks. Wo die Bahn einst eine unüberwindbare Barriere zwischen Wohnvierteln bildete – am Gleisdreieck oder Mauerpark –, befinden sich jetzt populäre Treffpunkte für Menschen aus aller Welt.

Zur Geschichte der Berliner Parks gehört leider auch das Thema Vandalismus. Die mutwillige Zerstörung von Teilen einzelner Grünanlagen ist nicht erst heute ein ärgerliches Phänomen, sondern wurde schon zu Zeiten Friedrichs des Großen beklagt. Kaum war das ehemalige Jagdrevier der Krone – der Tiergarten – der Öffentlichkeit zugänglich gemacht und mit Skulpturen geschmückt worden, wurden diese schon verstümmelt und mit zeitgenössischen Graffiti verunziert.

Wegen dieser unseligen Tradition im Umgang mit öffentlichen Grünanlagen ist es daher möglich, dass im Buch beschriebener Gartenschmuck nicht mehr in dem Zustand angetroffen wird, wie der Autor ihn kürzlich noch vorgefunden hat.

Praktische Hinweise zu Anfahrtswegen, Lokalen und Biergärten und eventuellen Öffnungszeiten eingefriedeter Grünanlagen sollen Ihnen helfen, die zauberhafte Welt der Berliner Parks zu entdecken und zu genießen.

Der Krone zur Zierde

Schlossgarten Charlottenburg

Wer war André Le Nôtre? Für die brandenburgische Kurfürstin Sophie Charlotte (1668–1705) „ein so hoher Herr“. Seine Ideen für ihren persönlichen Garten überzeugten sie dennoch nicht. „Sein Entwurf scheint mir übrigens einfach zu sein“, schrieb sie enttäuscht an ihre Mutter nach Hannover. Dieses Urteil überrascht, denn Le Nôtre galt als das Genie der Gartenkunst in der Epoche des Barock. Er war der Erfinder des Französischen Gartens und Schöpfer des grandiosen Parks von Versailles.

Sophie Charlotte kannte sein Werk aus eigener Anschauung. Die aus einem standesstolzen, mit den Königshäusern in Paris und London verwandten Geschlecht stammende Welfenprinzessin hatte sich vor der Hochzeit mit dem brandenburgischen Kurprinzen Friedrich im Jahre 1684 längere Zeit am Hof des Sonnenkönigs Ludwig XIV. aufgehalten.

In Versailles hatte Le Nôtre ab 1662 geschaffen, was zur Inszenierung absolutistischer Macht für alle europäischen

Höfe bis zum Ende des 18. Jahrhunderts Vorbild wurde. Sein herrschaftlicher Park in Form eines grünen Kunstwerkes vollkommender Symmetrie steigert die imposante Wirkung des Schlosses. Ein geordnetes Netz axialer Wege, Schneisen und Sichtachsen, die ins Unendliche zu führen scheinen, bildet das Grundgerüst. Dadurch werden nicht nur lange Perspektiven erzeugt, sondern es wird auch die strikte Hierarchie der absolutistischen Staatsordnung auf einen weiten Raum übertragen. In diesem ist der Sitz des Herrschers, das Schloss, der Fixpunkt, auf den alle Hauptwege zuführen.

Runde Plätze, monumentale Brunnen, Baumarchitekturen, Treppen, Terrassen, Rampen und Wasserbassins, die als Spiegel dienen, gehören zum festen Repertoire des Französischen Gartens. Das Arrangement und der akkurate Beschnitt der Pflanzen, insbesondere der Miniaturbäume, drücken die absolute Beherrschung der Natur aus. Trotz dieser Symbolik und seines Stellenwerts für Zeremoniell und Repräsentation des Monarchen diente der barocke Schlossgarten in erster Linie dem Zeitvertreib der Angehörigen des Hofes.

Das schöngeistige Klima von Versailles vor Augen, war Sophie Charlotte gewillt, noch vor ihrer Krönung zur Königin in Preußen 1701 etwas vom französischen Pomp und Esprit an die Spree zu holen. Die Vorschläge des Stars unter den europäischen Gartenkünstlern für ihr neues Lustschloss nahe dem Dorf Lietzow – und damit fern der Stadt Berlin – sagten der anspruchsvollen Landesherrin jedoch nicht zu.

Wenn wir im Schlossgarten Charlottenburg den großartigsten Barockgarten Berlins bewundern, dann ist dies einem Schüler Le Nôtres zu verdanken, den Sophie Charlotte engagierte. Ab 1697 – der Bau ihres Palais hatte soeben begonnen – legte der 1632 geborene Gärtner Siméon Godeau in Charlottenburg eine der ersten französischen Barockanlagen in den deutschen Ländern an. Heute ist der gepflegte, historisch bedeutende Park ein sehr beliebtes Touristenziel. Überlaufen ist er jedoch selten. Die Besucher verhalten sich vornehm zurückhaltend – ausgelassene Freizeitaktivitäten werden ohnehin nicht geduldet – und staunen über die Pracht der Anlage.

Wie in Versailles folgt die geometrische Gliederung einer zentralen Längsachse, die durch den Mittelpunkt des Schlosses hindurchführt. In Charlottenburg setzt sich diese Achse südlich des Palastes in der Schloßstraße fort. Im Park liegt beiderseits der Achse zunächst ein langgestrecktes Parterre, das in drei gleich lange Teile gegliedert ist. Die schlossnahen und schlossfernen Teile bestehen aus rechteckigen Feldern, in denen Broderien (hergeleitet vom französischen Wort für Stickereien) angelegt sind. Im mittleren Abschnitt umgeben vier – ursprünglich quadratische – Rasenfelder ein achteckiges Wasserbecken mit Fontäne. Die zentrale Achse wird durch eine Rasenbahn hervorgehoben. Vier große weiße „Königsvasen“, anlässlich der Krönung Friedrichs I. (1657–1713) im Januar 1701 erschaffen, markieren diese Hauptachse als „Königsweg“.

Das ausgedehnte Parterre endet an einem Gewässer, das im barocken Original ein rechteckiges Wasserbassin war und im Norden einen Halbkreis bildete. Eine breite Treppe führt hinunter zu dem Gewässer, das heute ein naturnah gestalteter Karpfenteich ist. Zu Zeiten Sophie Charlottes diente das mit der Spree verbundene Bassin als Hafen für die prachtvollen Gondeln und goldverzierten Lustschiffe, mit denen man zu Feierlichkeiten vom Berliner Stadtschloss nach Charlottenburg reiste.

Alleen aus vier Reihen Linden führen am Außenrand des Parterres entlang und zogen sich einst bis an den Nordrand des Hafens. Westlich des Parterres liegen von Hainbuchenhecken eingefasste Bereiche, deren geometrische und symmetrische Aufteilung ein Spiegelbild des Parterres ist. Diese sogenannten Bosketts sind im Stil französischer Gärten schattige Wäldchen, deren Wege und Plätze von Hecken begrenzt werden. Dadurch besitzen die Plätze einen intimen Charakter und gleichen grünen Sälen.

Als wichtiger Bestandteil des Gartens liegt vor der Schaufassade des Schlosses eine Terrasse, die man vom tiefer liegenden Parterre über Treppen und Rampen betritt. Die enorme Ausdehnung von 500 Meter erreichte die Terrasse erst weit nach dem Tod Sophie Charlottes – 1791 erhielt der Palast durch mehrere Ausbaustufen seine endgültige Länge. Kunstvoll beschnittene Apfelsinen-, Zitronen- und Pomeranzenbäume in Kübeln werden im Sommerhalbjahr auf der langen Terrasse aufgereiht. Südfrüchte waren im Zeitalter des Barock kostbar und galten als Zeichen des Reichtums.

Einzigartig in Berlin sind die Broderien im Parterre, die den großen Rasenfeldern ein kunstvolles Muster geben. Die schwungvollen Bodenornamente bestehen aus Buchsbaum und weißem, schwarzem sowie rotem Kies. Dieses anspruchsvolle Stilmittel der französischen Gartenkunst wurde zuletzt im Jahr 2001 erneuert. Rabatten mit historischem Blumenschmuck fassen alle Rasenfelder ein. Im Frühling blühen verschiedene Tulpensorten, Kaiserkronen, Narzissen, Goldlack, Hyazinthen und Vergissmeinnicht, im Sommer Rosen, Lilien und Passionsblumen. Kübelpflanzen und gusseiserne Vasen gehören zum Schmuck des Parterres.

Im Juli 1699 wurden der Park und das in seinen Ausmaßen noch bescheidene Lustschloss mit einem rauschenden Fest eingeweiht. Sophie Charlotte nutzte ihr Reich nicht nur für amüsante Feste mit Musik, Tanz, Theater und Feuerwerk. Berühmtheit erlangten ihre Dispute, welche die hochgebildete Regentin mit dem Philosophen Gottfried Wilhelm Leibniz (1646–1716) während zahlreicher Spaziergänge im Park führte.

Dass wir heute, über 300 Jahre nach dem frühen Tod der Königin, nach der das Schloss benannt wurde, wie einst der Adel in Charlottenburg lustwandeln können, ist Gartenexperten und Denkmalpflegern der Gegenwart zu verdanken, die 1952 bis 1968 das barocke Meisterwerk preußischer Gartenkultur rekonstruierten. Denn als der englische Stil in die Schlossgärten des Kontinents Einzug hielt, beseitigten die Verfechter des Landschaftsgartens rücksichtslos das altmodische Parterre. Regelmäßigkeit und gebändigter Wuchs waren mit den Ansichten der Naturphilosophie nicht vereinbar, die nach dem Tod Friedrichs des Großen (1712–86) auch von der preußischen Krone favorisiert wurde. Unter den Thronfolgern gestalteten die Gartenkünstler Johann August Eyserbeck (1762–1801) und nach ihm Peter Joseph Lenné (1789–1866) den Charlottenburger Schlossgarten abschnittweise bis 1833 in einen Landschaftspark um. Von der barocken Originalfassung blieb kaum etwas bestehen. Aus dieser Zeit stammen das naturnahe Ufer des Karpfenteichs mit Büschen und Baumgruppen sowie die Luiseninsel, ein romantisches Eiland westlich des Teichs.

1788 wurde nördlich der Gewässer das Belvedere errichtet, das damals noch auf einer Insel stand. Carl Gotthard Langhans entwarf das Gebäude für König Friedrich Wilhelm II. (1744–97). Das ausgedehnte Gelände im Norden des Schlossgartens zeigt eine gänzlich andere Auffassung von Parkgestaltung als der barocke Bereich. Bäche schlängeln sich malerisch durch waldartige Gehölze, weite Wiesen wachsen im Frühjahr unbehelligt in die Höhe, Haine aus Flieder verströmen ein beflügelndes Aroma. Die Wege haben das steife Korsett des 18. Jahrhunderts abgestreift. Durch den rigiden Eingriff Eyserbecks und Lennés besitzt der rund 55 Hektar große Park heute eine reizvolle Mischung aus ideenreichen Naturkunstwerken und idealisierter Naturkulisse.

Im schlossfernen Areal erstrecken sich Liegewiesen, die zum Sonnenbaden und für Picknicks genutzt werden können. Auch ein Spielplatz ist hier zu finden. Von einer künstlichen Anhöhe hat man eine schöne Aussicht auf die bezaubernde Landschaft

Lennés, die Anwohner gern zur Erholung aufsuchen. Beliebt ist der Schlossgarten auch wegen seiner Uferpromenade entlang der Spree.

Durch den tragischen Tod der Königin Luise (1776–1810) erhielt der Park eine die Konventionen ignorierende Kultstätte der preußischen Krone. Das Mausoleum, das König Friedrich Wilhelm III. (1770–1840) für seine jung verstorbene Gattin errichten ließ, entstand an einem Lieblingsplatz der populären Königin. Sie spazierte besonders gerne an der Tannenallee entlang, deren schwermütige Atmosphäre sie mochte. Am Endpunkt der halbdunklen Allee, die gegenüber dem Orangerieflügel des Schlosses beginnt, schuf Architekt Heinrich Gentz einen dorischen Tempel. In ihm befinden sich neben dem Grabmonument der Luise, 1811 bis 1814 von Christian Daniel Rauch gefertigt, auch die Kenotaphe ihres Gemahls Friedrich Wilhelm III., ihres Sohnes, des Kaisers Wilhelm I. (1797–1888), und der Kaiserin Augusta (1811–90).

Auf der Luiseninsel steht zudem eine Bronzebüste der Königin, ebenfalls nach einem Entwurf Rauchs erschaffen. Zahlreiche Skulpturen aus verschiedenen Epochen schmücken den mehr als 300 Jahre alten Schlossgarten.

Spandauer Damm 10–22, 14059 Berlin; www.spsg.de
Siméon Godeau 1697; Johann August Eyserbeck 1788;
Peter Joseph Lenné 1818
Tgl. 6 Uhr bis Einbruch der Dunkelheit

▷ S/U Berlin Westend, U Richard-Wagner-Platz und Bus M45

Monbijoupark

Dieses Kapitel beginnt wie ein Märchen. Denn die Vergangenheit der Grünanlage mit dem französischen Namen *mon bijou* (mein Schmuckstück) ist märchenhaft: Es war einmal ein Garten, der als schönster und prachtvollster der Residenz Berlin galt. Und in diesem Garten aus kunstvoll geschnittenen Hecken, duftenden Orangenbäumen, sprudelnden Fontänen und heiteren Skulpturen lebte die Königin Preußens zufrieden bis an ihr Lebensende in einem kleinen, aber sehr glanzvollen Schloss – einem Bauwerk des berühmtesten Baumeisters des Barock im Norden der deutschen Provinzen. Das barocke Juwel war so kostbar, dass gar Zar Peter der Große von Russland in ihm logierte, als er 1717 am preußischen Hof zu Besuch war.

Als die Königin – Sophie Dorothea – starb, ließ ihr Sohn, Friedrich der Große, die mütterliche Residenz am Ufer der Spree versiegeln. Niemand, nicht einmal seine Gemahlin, sollte darin wohnen.

Sophie Dorothea von Hannover (1687–1757), seit 1710 Besitzerin des Schlosses Monbijou (damals noch als Kronprinzessin), bewahrte mit ihrem Refugium etwas von dem glamourösen Glanz und der höfischen Heiterkeit des Barock, die während der Regentschaft ihres Gatten, des geizigen Soldatenkönigs Friedrich Wilhelm I. (1688–1740), dem vom Militär geprägten Berlin abhandenkamen.

Monbijou war zuvor Eigentum des Grafen Johann Kasimir Kolbe von Wartenberg, eines Günstlings des ersten preußischen Königs. Der Minister ließ sich vom Architekten des Berliner Schlosses, Johann Friedrich Eosander von Göthe (1669 bis 1728), ein Schlösschen erbauen, das inmitten eines barocken Gartens stand. Bei der Gestaltung des Anwesens orientierte sich Eosander an dem zwei Jahrzehnte früher vollendeten Lustschloss Marly des Sonnenkönigs Ludwig XIV. von Frankreich. Das *maison de plaisance* (Lustschloss) bestand aus nur einem Geschoss und war sieben Fensterachsen breit. Laubengänge und Pavillons rahmten das Gebäude, Spiegel sorgten für die Illusion unendlicher Größe. In der Anmutung ähnelte das Schloss Monbijou der 1775 erbauten Gloriette von Schönbrunn in Wien. Ein Parterre mit zwei Blumenstreifen erstreckte sich zur Balustrade am Flussufer, an dem zwei zierliche Pavillons standen. Der barocke Garten Eosanders wurde zum Vorbild für bedeutsame Adelsgärten in Berlin.

Stets die Residenz ihrer Familie in Hannover, Herrenhausen, vor Augen, ließ Sophie Dorothea Monbijou ständig verschönern. So entstand insbesondere eine lange Orangerie, die sich wie das Schloss parallel zur Spree erstreckte. Im Garten lud die Königin den Adel zu Konzerten, Festen, Maskeraden und Feuerwerken. Ihr ältester Sprössling zog sich in den Garten zurück, um ungestört musizieren zu können. Friedrich war es auch, der gleich nach seiner Thronbesteigung 1740 das mütterliche Domizil beträchtlich vergrößern ließ. Nach dem Tod Sophie Dorotheas konservierte Friedrich der Große im

Andenken an seine Mutter das berühmte Monbijou und wehrte alle Begehrlichkeiten seiner Geschwister ab.

Erst unter seinem Nachfolger, Friedrich Wilhelm II., zog 1787 erneut eine preußische Königin in das Schloss, das 30 Jahre unbewohnt gewesen war. Für die Sommerresidenz Friederike Luises (1751–1805) wurde ein repräsentatives Torhaus nach Entwürfen Georg Christian Ungers errichtet, das den Park zum heutigen Monbijouplatz abschirmte. Anhand der heutigen Bepflanzung des Parks an dieser Stelle ist der Standort des Torbaus noch zu erahnen.

Nach dem Tod Friederike Luises verlor Monbijou für die Hohenzollern rapide an Bedeutung. Es wurde an Adelige vergeben und als Depot für königliche Kunstgegenstände genutzt. Zur selben Zeit wurde der Schlossgarten für jedermann zugänglich. Hier trafen sich zum Beispiel der Lyriker Achim von Arnim und Bettina Brentano um 1810 zum Rendezvous.

Ab der Mitte des 19. Jahrhunderts herrschte keine Ruhe mehr für romantische Stelldicheins und kein Sinn für barocke Lebenslust. Das Militär okkupierte einen Schlossflügel von Monbijou als Kaserne. Während die Stiefel der exerzierenden Soldaten den Park ruinierten, rückte die wachsende Stadt der grünen Oase immer mehr auf den Leib.

Neben dem noch heute bestehenden Gebäude an der Monbijoustraße wurde in der Nordwestecke 1884/85 eine Kirche für die anglikanische Gemeinde errichtet. Architekt der St.-Georgs-Kirche war Julius Raschdorff, der Erbauer des Berliner Doms. Ende des 19. Jahrhunderts wurde die ursprünglich offene Front des Parks zur Oranienburger Straße baulich geschlossen, auch der Bau der Stadtbahn ging auf Kosten des Gartengeländes. Das Schloss selbst diente ab 1877 als Museum des Herrscherhauses Hohenzollern.

Im Zweiten Weltkrieg brannte das durch Bomben getroffene Schloss aus. Von 1958 bis 1960 wurden die Ruinen sämtlicher Bauten im Park, inklusive Schloss und Kirche, abgerissen. An der Stelle des einstigen Schlossgartens entstand nach Plänen von Walter Hinkefuß die Grünanlage, wie wir sie heute kennen – inklusive des Freibads für Kinder. Vom einstigen Schmuckstück blieb lediglich der Name erhalten. Nur ein paar betagte Bäume zeugen noch von einem der ältesten Gärten Berlins.

Der rund drei Hektar große Park wurde 2006/07 umfangreich saniert, erweitert und dadurch aufgewertet. Ein neuer Brunnen gehört ebenso dazu wie Sportanlagen für Beachvolley-, Basket- und Fußball. Blumenrabatte sorgen für Farbtupfer auf dem baumreichen Gelände. Die schönen Liegewiesen sind oft Rastplatz erschöpfter Touristen oder junger Partymenschen. Entsprechend voll ist es in der kleinen Grünanlage in Nähe des stark frequentierten Hackeschen Marktes. Besonders die neuentstandene Uferpromenade gehört zu den beliebtesten Treffpunkten in Berlins historischem Zentrum.

An der weithin bekannten „Strandbar Mitte" werden im Sommerhalbjahr Liegestühle auf extra angekarrtem Sand aufgeklappt. Das benachbarte Amphitheater zählt zu den besten Adressen für Kleinkunst in Berlin.

Touristen wie Passanten erfreuen sich im Monbijoupark nunmehr an der märchenhaften Kulisse der Museumsinsel am anderen Ufer der Spree oder besuchen das Theater mit seiner nicht minder märchenhaften Atmosphäre.

Oranienburger Straße, Monbijoustraße, 10178 Berlin
Eosander von Göthe 1706; Walter Hinkefuß 1960;
Büro Lützow 7 2006/07
Amphitheater Monbijou: Tel. 288 86 69 99; amphitheater-berlin.de
Strandbar Mitte: Tgl. ab 10 Uhr

▷ S Oranienburger Straße, S Hackescher Markt, Tram M1

Schlosspark Schönhausen

Der Schlosspark Schönhausen hat zwei Gesichter: das eines belebten, baumreichen Volksparks mit schlängelndem Bachlauf und das eines abgeschiedenen, ruhigen Klostergartens. Grund dafür ist eine Mauer, die den Park in unterschiedliche Bereiche teilt. Das ummauerte Areal ist ein bedeutendes Gartendenkmal mit wechselvoller Geschichte, das seit Eröffnung des Schlosses Schönhausen als Museum im Jahre 2009 zugänglich ist. Obwohl der Schlosspark in der zweiten Hälfte des 20. Jahrhunderts einschneidend verändert wurde, sind prägende Elemente des barocken Ursprungs erkennbar. Vor mehr als 300 Jahren angelegt, erlebte der Garten in Pankow seine Blütezeit unter Königin Elisabeth Christine (1715–97).

Nach seiner Thronbesteigung im Jahre 1740 hatte Friedrich der Große (1712–86) das Palais seiner Gemahlin geschenkt. Schönhausen war eines der 20 Lustschlösser aus dem umfangreichen Nachlass seines Großvaters, erbaut und gärtnerisch gestaltet vom Hofbaumeister Johann Friedrich Eosander von

Göthe zwischen 1705 und 1708. Die Monarchin ließ das bescheidene Palais zur heutigen Größe und Gestalt ausbauen und verlebte die Sommermonate in ihrem Refugium an der Panke.

Der Schlosspark erstreckte sich damals ohne Unterbrechung vom Schloss die Panke entlang bis Höhe Elisabeth-Christinen-Straße. Die schöne, schnurgerade Schlossallee in der öffentlichen Parkanlage bildete die barocke Achse, die seit 1949 durch eine Mauer unterbrochen wird. Auch das Grün südlich der Schlosses gehörte zum Reich Elisabeth Christines. Das Wegekreuz der Straßenzüge Tschaikowskistraße, Schloßallee, Dietzgen- und Ossietzkystraße entstand bereits Mitte des 17. Jahrhunderts, als Gräfin Sophie Theodore zu Dohna an ihrem Landsitz Alleen anlegen ließ.

Besonders reizvoll ist es, auf Spurensuche zu gehen, wenn man durch die Parkanlagen schreitet, die 200 Jahre lang eine Einheit bildeten. Im eingemauerten Schlossgarten ist die Fläche des barocken Parterres gut zu lokalisieren. Die ursprüngliche Ausdehnung ist durch zwei parallel verlaufende Alleen erkennbar, die seitlich des Gebäudes in den rückseitigen Garten hineinführen und aus der Zeit der Königin stammen. Um 1764 bestand das Parterre aus vier quadratischen Rasenfeldern, die von Kübelpflanzen umstellt waren. In der Mitte lag ein Rasenrondell. Gut nachvollziehbar ist diese Einteilung an den vier imposanten Platanen auf dem heutigen Rasen. Die zu einem Viereck angeordneten Bäume wurden bei einer leichten Umgestaltung des barocken Gartens, vermutlich ab 1774, angepflanzt.

Dem Garten der Königin wurde vor 1764 auch das Gehölz mit Eichen an der Panke angegliedert. Mehrere Alleen führten damals vom Schlossareal geradewegs zu dem waldartigen Gelände, das mit seinen alten Eichen außerhalb des eingemauerten Areals liegt. Eine doppelte Kastanienallee entlang der Ossietzkystraße entspricht einer dieser historischen Alleen.

Am Schlosspark der preußischen Königin, der sehr anspruchsvoll mit Wasserbassin, Irrgarten und einem Heckenlabyrinth ausgestattet war, lobte Friedrich der Große besonders die hohe Qualität der Obsternte. In Treibhäusern zog man zu jener Zeit exotische Früchte wie Ananas, Melonen und sogar Bananen.

Nach dem Tod Elisabeth Christines blieb Schönhausen im Besitz der Hohenzollern und wurde von unterschiedlichen Mitgliedern des Königshauses genutzt. Bedeutsam war eine Umgestaltung des gesamten Geländes durch Hofgärtner Peter Joseph Lenné zum Landschaftspark nach Entwürfen von 1827 bis 1829.

Heute zeigt sich der engere Gartenbereich am Schloss wieder so, wie er für den Sitz des ersten (und einzigen) Präsidenten der DDR, Wilhelm Pieck, gestaltet wurde. Nach der Gründung der DDR im Oktober 1949 wurde dieses nur acht Hektar große Areal für den Präsidentengarten mit einer Mauer umgeben. Innerhalb der Mauer gestaltete Stadtgartendirektor Reinhold Julius Paul Lingner (1902–68) eine Anlage im Stil der gärtnerischen Avantgarde der Weimarer Republik. Im Sinne der Stuttgarter Schule fügte Lingner architektonisch-lineare Elemente in das historische Grün: niedrige Mauern, die geometrische Blumenbeete einfassen, flache Wasserbecken und Pergolen. Sondergärten mit blühenden Sträuchern und Stauden entstanden, die den Bereich in unmittelbarer Nähe des Schlosses prägen. Zu ihnen gehören der Wasserpflanzengarten an der Nordflanke und der Staudengarten an der Südflanke des Palais.

Dass diese Gestaltung von der Gartenkunst der klassischen Moderne inspiriert war, ist besonders deutlich an der Schlossterrasse zu sehen. Dort sind die beiden Sommerblumenbeete im abstrakt-flächigen Stil des Malers Piet Mondrian bepflanzt. Monochrome Rechtecke entstehen im Sommer durch rote und rosafarbene Pelargonien, im Frühjahr durch Stiefmütterchen in gelb, weiß und blau. Aus dem innovativen Kreis der holländischen Bewegung „De Stijl“, zu deren Gründern Mondrian gehörte, stammte die Designerin der Schönhauser Gartenmöbel: Liv Falkenberg entwarf die elegant-geschmackvollen Stühle um den ringförmigen Tisch auf der Terrasse.

Eine Reverenz an die barocke Phase des Gartens ist der modern gestaltete Springbrunnen im Zentrum der vier alten Platanen. Auch das Teehaus als neuer *point de vue* (Blickfang) der unterbrochenen Parkachse weckt Assoziationen an diese Epoche. Ein Verdienst Lingners war es, die historischen Spuren nicht gänzlich zu verwischen, sondern zu respektieren. So übernahm er auch die Pergola an der südlichen Schlosswand, die von Lenné stammt, für einen kleinen Gartenhof.

Im vorderen Zugangsbereich des Schlosses wird der Gartenschmuck der DDR-Zeit ebenfalls schrittweise rekonstruiert. Dazu gehört der Rosengarten mit Pergola von Lingner und als Pendant ein Gräsergarten von Karl Kirschner. Kirschner wurde mit der Pflege des staatlichen Parks beauftragt, nachdem das Schloss von 1964 bis 1966 zum Gästehaus der DDR-Regierung umfunktioniert worden war.

Während der streng abgeschottete Bereich der Repräsentation diente und noch heute intim wirkt und still ist, behielt der wesentlich größere äußere Park den landschaftlichen Charakter der Lenné'schen Gestaltung. Entlang der zahlreichen geschwungenen Wege kann man dem Lauf des Baches Panke folgen, der den gesamten 30 Hektar umfassenden Park durchzieht. Wunderbar ist der alte Baumbestand aus Akazien, Eichen und Kastanien. Flächen, die zu Lennés Zeiten als Wiesen dienten, werden heute von Kleingärten und Sportplätzen genutzt.

An der Rolandstraße in der Nähe der Schlossmauer befindet sich ein Spielplatz.

Tschaikowskistraße 1, 13156 Berlin; Tel. 40 39 49 26 10;
www.spsg.de
Johann Friedrich Eosander von Göthe 1705–08; 1764; Peter Joseph Lenné 1829; Reinhold Lingner 1949–51; Karl Kirschner 1966
Tgl. bis Einbruch der Dunkelheit

▷ S/U Pankow und Tram M1

Tierpark Friedrichsfelde

Die zweite bedeutende barocke Gartenanlage in Berlin – neben dem Schlosspark Charlottenburg – befindet sich am Schloss Friedrichsfelde, das im Areal des Tierparks liegt. Das zoologische Gelände bietet so eine außergewöhnliche Kombination: Exotische Tiere spazieren vor einer barocken Kulisse herum. Bei der Gründung des Tierparks stand dieser extravagante Effekt allerdings nicht im Vordergrund. Vielmehr wurde der ausgedehnte Landschaftspark östlich der barocken Achse als idealer Standort für weitläufige Tiergehege angesehen.

Die Anfänge des Schlossparks, dem etliche Besitzer ihren Stempel aufgedrückt haben, liegen im späten 17. Jahrhundert. Der Generaldirektor der kurfürstlichen Flotte, Benjamin Raulé (1634–1707), baute sich ab 1695 am Dorf Rosenfelde ein stattliches Anwesen mit einem Lusthaus. Aus den Niederlanden stammend, ließ er am Ursprungsbau des heutigen Schlosses einen holländischen Garten mit axialer Anordnung und regelmäßigen Parterres anlegen, die komplett von Kanälen umschlossen waren. Im diesem gediegenen Ambiente feierte und tafelte die aristokratische Gesellschaft der Residenzstadt, war Brandenburgs oberster Seemann doch ein geachteter und erfolgreicher Mann.

Den Prominenten ereilte jedoch ein unrühmliches Ende. Als Raulé 1698 wegen angeblicher Unterschlagung in Ungnade fiel, konfiszierte Kurfürst Friedrich III. (1657–1713) sein Eigentum. Den Landsitz des Verfemten, zu dem auch das Dorf gehörte, benannte der Regent sogleich nach sich selbst: Friedrichsfelde.

Das Schloss erhielt seine heutige Gestalt und Größe beim Umbau des Raule'schen Hauses 1719 durch den Hofbaumeister Martin Heinrich Böhme. Der Park hingegen wurde vom damaligen Eigentümer, Markgraf Albrecht Friedrich von Brandenburg-Schwedt, unverändert gelassen.

Dies änderte sich nach einem erneuten Besitzerwechsel im Jahr 1762, als der jüngste Bruder Friedrichs des Großen, Prinz August Ferdinand (1730–1813), Friedrichsfelde für das Haus Hohenzollern zurückerwarb. Er ließ das Parterre nördlich des Schlosses modifizieren, wobei die quadratischen Beete in langgestreckte Rechtecke verwandelt wurden. Ursprünglich trennende Bepflanzungen quer zur Hauptachse verschwanden. Die Kanäle mit den Alleen blieben als rahmendes Element erhalten. Auf Grundlage der Planungen von 1767 wurde das Nordparterre 1985 bis 1987 rekonstruiert: Im Zentrum der Rasenflächen stehen Kopien barocker Skulpturen und an den Wegkreuzungen Putten. Schmale Blumenrabatte mit kurzgeschnittenen Buchsbaumhecken rahmen die Rasenbeete. Wie einst verlaufen auch heute wieder an den Längsseiten schnurgerade Wassergräben. Durch die Wiederherstellung dieses Gartenbereichs ist die strenge Gestaltung in der Tradition holländischer Barockgärten erlebbar.

Der preußische Prinz ließ ferner westlich seines Schlosses einen Küchen- und Obstgarten anlegen. Das dort errichtete

Küchenhaus fungiert heute als Kassengebäude des nördlichen Tierpark-Eingangs.

Auch südlich des Schlosses war der barocke Formenkanon Vorbild. Das Südparterre, von dem eine 1000 Meter lange Allee ausgeht, entstand jedoch erst im Rahmen der Tierparkgestaltung ab 1956 nach einem Entwurf der Gartenarchitektin Editha Bendig. In Anlehnung an historische Strukturen interpretierte sie barocke Motive zeitgemäß. Zwischen dem südlichen Garten und dem Schloss liegt ein Wasserbecken mit Springbrunnen. In den angrenzenden geometrischen Rasenbeeten sind dekorative Broderien gepflanzt. Daran grenzt das Freigelände für Pelikane, die sehr fotogen vor der Schlossfassade auf- und abschreiten.

Unter der Ägide des Prinzen August Ferdinand wurde der Barockpark im Osten um die Neue Partie erweitert. Hier erfolgten die ersten ungeschickten Eingriffe im sentimental-landschaftlichen Stil mit übermäßig engen Schlängelwegen oder Rondellen. Seinen Hang zum frühen Klassizismus und seine Begeisterung für die revolutionären Ideen des Anwesens Wörlitz-Dessau konnte der Prinz letztendlich in seinem neuen Domizil ausleben: im Schloss Bellevue, wohin die Familie umzog. Das stadtferne Friedrichsfelde verkaufte er 1785 an einen Herzog.

Einen formidablen Landschaftspark erhielt die barocke Anlage, als die neue Stilrichtung der Gartenkunst auch in Preußen ausgereift war. Die Entwürfe dazu kamen aus berufener Hand, vom königlichen Gärtner Peter Joseph Lenné (1789 bis 1866). Sicherlich flossen die Eindrücke, die er von einer Reise in England mitgebracht hatte, in die Umgestaltung Friedrichsfeldes ab 1822 mit ein. Den Auftrag dafür erhielt Lenné von Johann Karl Sigismund von Treskow, der das Anwesen 1816 erworben hatte.

Lenné respektierte die barocke Achse, verwandelte jedoch die südliche Allee in eine Rasenbahn. Wo sich heute das Wasserbecken befindet, legte er einen Teich mit geschwungenem Ufer an. Zur vollen Entfaltung kam der landschaftliche Stil aus weiten Wiesen und malerischen Baumgruppen im östlichen Parkbereich, der durch von Treskow erweitert worden war.

Friedrichsfelde blieb bis 1945 im Besitz der Familie von Treskow. In der Nachkriegszeit wurde sie enteignet. Der historische Familienfriedhof konnte 1993 restauriert werden und befindet sich nunmehr mitten im Tierpark.

Mit der Eröffnung des Tierparks im Juli 1955 begann eine neue Epoche in Friedrichsfelde. Das weitläufige Gelände von Lenné verhalf dem zweiten Zoo in Berlin zu seinem einzigartigen Charakter als großzügiger Park mit Tieren. Die Gartenarchitekten Editha Bendig und Oskar Köster legten die Tiergehege unter weitgehender Erhaltung des alten Baumbestands an. Bei ihrer Gestaltung des landschaftlichen Parks mit seinen ausgedehnten Wasserflächen orientierten sie sich (unter der Leitung des Zoologen Heinrich Dathe) an der Version Lennés. Zu Ehren des berühmten Gartenkünstlers errichteten sie auf dem Teehaushügel einen Rundpavillon nach antikem Vorbild.

Auf beachtliche 160 Hektar ist der Tierpark mittlerweile angewachsen. Kamele, Dromedare, Lamas, Wasserbüffel, Wisente und Bisons leben auf riesigen Freiflächen, die nur durch Gräben von den Besuchern getrennt sind. Lustige Tierskulpturen schmücken das Areal. In einem Caféhaus mit Terrasse kann sich der Besucher stärken.

Am Raubtierhaus – dem Alfred-Brehm-Haus – steht eine eindrucksvolle Löwengruppe aus Bronze, 1895–97 von August Gaul und August Kraus erschaffen. Die unbändigen Löwen brüllten einst am Sockel des pompösen Nationaldenkmals, das auf der Schlossfreiheit gegenüber dem Berliner Stadtschloss stand.

Am Tierpark 125, 10307 Berlin; www.tierpark-berlin.de
1767; Peter Joseph Lenné 1822; Editha Bendig, Oskar Köster 1955/56
Tgl. 9–19 Uhr, im Winter bis Einbruch der Dunkelheit

▷ U Tierpark

Pfaueninsel

Auf der Pfaueninsel finden sich Menschen ein, die das Besondere suchen. Fern vom Alltag und abseits vom Rest der Welt spazieren sie durch eine Traumlandschaft, ein idyllisches Meisterwerk aus der Epoche künstlicher Naturinszenierungen.

Um die Insel in der Havel ranken sich viele Legenden: die vom Alchimisten Johannes Kunkel, der vergeblich für den Großen Kurfürsten nach der Rezeptur für die künstliche Herstellung von Gold suchte; die vom irdischen Paradies mit sagenumwobenem Palmenhaus und der Menagerie König Friedrich Wilhelms III., aus der Berlins Zoologischer Garten hervorging; die einer ewigen Liebe zwischen einem preußischen König und einer Potsdamer Bürgerstochter; und natürlich ist mit dem 76 Hektar großen Eiland auch die Gärtnerlegende Peter Joseph Lenné verbunden, dessen Kunst dort unverfälscht genossen werden kann.

Die Pfaueninsel ist ein Ort vollendeter Romantik, dessen Entstehung der Liebe zwischen König Friedrich Wilhelm II. (1744 bis 1797) und Wilhelmine Encke (1752–1820) zu verdanken ist. Von Potsdam aus ruderten sie zu ihrem damals noch halb verwilderten Liebesnest, wo der 22 Jahre junge Thronfolger und seine 14-jährige Freundin, die zur berühmtesten Mätresse am preußischen Hof werden sollte, in völliger Abgeschiedenheit unzählige Abende miteinander verbrachten. Sich über die Standesregeln hinwegsetzend, besiegelte das Paar seine Liaison durch einen heimlichen Ringtausch kurz vor der ersten arrangierten Zweckehe des Prinzen. Fünf Kinder gingen aus der unbotmäßigen, aber geduldeten Verbindung hervor. Wilhelmine Encke wurde 1795 zur Gräfin Lichtenau ernannt und blieb – trotz der zahlreichen Affären und Nebenehen des Monarchen – des Königs treue Gefährtin bis zu seinem Tode.

Als Friedrich Wilhelm II. 1793 die Insel seiner Jugendliebe erwarb, stellte er sie umgehend unter seinen Schutz. Es dürfe „daselbst kein Stück Holz mehr gefällt werden“, befahl er. Damit sollte insbesondere der einmalige Bestand an alten Eichen bewahrt werden. Bis zu 400 mehrere Jahrhunderte alte Baumriesen standen auf der Insel. Nach dem Ende der preußischen Monarchie wurde der königliche Akt in moderner Form wiederholt: 1924 wurde die Parklandschaft der Insel zum Naturschutzgebiet erklärt.

Auf den Kauf durch den König folgte die behutsame Erschließung der Insel durch bequeme Wege. Man nimmt an, dass die Vorgaben zur gestalterischen Kultivierung von Johann August Eyserbeck (1762–1801) stammten, der im Neuen Garten von Potsdam arbeitete. Der Hofgärtner war Sohn und Mitarbeiter Johann Friedrich Eyserbecks, des Schöpfers des Wörlitzer Gartenreiches, des ersten klassischen Landschaftsgartens in Kontinentaleuropa. Ein gewichtiges Wort mitzureden hatte zudem Wilhelmine Encke.

Zeugnisse dieser frühen Phase sentimental-romantischer Landschaftsgestaltung sind die erhaltenen Bauwerke auf der Insel. Das prominenteste Gebäude, das pittoreske „Schloss“

an der Südspitze der Insel, ist zugleich das Wahrzeichen der Insel. Es wurde 1794/95 vom Zimmermeister Johann Gottlieb Brendel im Stil eines „verfallenen römischen Landhauses" errichtet. Das kuriose weißgestrichene Holzhaus diente dem König zwar auch als Bleibe, war aber vor allem malerische Staffage, konnte Friedrich Wilhelm II. es doch vom rund vier Kilometer entfernten Neuen Garten in Potsdam aus sehen. Heute dient es als Schlossmuseum. Die im Original erhaltene Einrichtung gilt als Zeugnis des Einflusses, den Wilhelmine Encke auf die Gestaltung des gemeinsamen Ausflugszieles Pfaueninsel nahm. In jungen Jahren Geliebte, war sie dem König im mittleren Alter Beraterin in Geschmacksfragen.

Ein weiteres Gebäude von Brendel ist die ebenfalls als Ruine gestaltete Meierei (1795) am Nordzipfel der Insel. Der Zweckbau im Stil der Gotik überrascht durch einen Saal mit prachtvollen Stuckaturen. Auch der benachbarte Rinderstall wurde 1802 in Form einer gotischen Kapelle gebaut.

All diese Bauten waren als dekorative Staffagen für die landschaftliche Szenerie gedacht. Ihren Ursprung hatte diese bühnenbildartige Ausstattung adeliger Gärten in England. Schon Mitte des 18. Jahrhunderts brach die Gartenbaukunst im Inselreich mit den strengen Regeln des Barock. Der Englische Garten wandte sich von der künstlichen Gestaltung mit axialem System und hierarchischen Strukturen ab und schuf Parkbilder, die ihr Vorbild in der Vielfalt der Natur hatten. In die scheinbar natürlichen Landschaften wurden zudem szenische Elemente integriert – kleinformatige Staffagebauten, mit denen stimmungsvolle idealisierte Ansichten geschaffen wurden. Besonders beliebt aufgrund ihrer suggestiven Kraft waren Ruinen, die inmitten einer intakten Natur standen.

Was Friedrich Wilhelm II. im ländlichen Idyll der Pfaueninsel begonnen hatte, wurde von seinem Sohn fortgesetzt. König Friedrich Wilhelm III. (1770–1840) engagierte 1804 den Landschaftsgestalter Johann August Ferdinand Fintelmann (1774 bis 1863), der 30 Jahre lang auf der Insel wirkte. Hatten sich zuvor die gärtnerischen Akzente auf die Bereiche um das Schloss und die Meierei beschränkt, entwickelte Fintelmann erstmals ein Gesamtkonzept für die Insel, die im Sommer ein Lieblingsplatz der königlichen Familie war. Naturnähe und Bescheidenheit galten zu Anfang des 19. Jahrhunderts als Ideale. Der Hofgärtner nahm Rücksicht auf das Interesse des Regenten am Landleben und schuf im alten Waldgebiet Platz für große Felder. Fast ein Fünftel der Inselfläche wurde nun für den Ackerbau genutzt, und die Anlage erhielt den Charakter einer *ornamental farm* – eines „schmuckvollen Gutes". Einen Eindruck davon vermittelt heute noch das Gebiet an der Meierei, wo Ackerflächen erhalten blieben. Die übrigen Felder von einst sind heute Wiesen.

Friedrich Wilhelms Faible für Tiere sollte das landschaftliche Bild der Insel nochmals verändern. Der auf der Insel gehaltene Tierbestand des Königs war mit den Jahren beachtlich angewachsen. 1832 umfasste er mehr als 840 exotische Exemplare. Nach den Befreiungskriegen wurde eine dringend benötigte Menagerie errichtet. Die Pläne, die Peter Joseph Lenné (1789–1866) für die Umgestaltung der Pfaueninsel auf Wunsch des Monarchen erstellte, genehmigte Friedrich Wilhelm III. 1824.

Lenné siedelte die Menagerie im mittleren Drittel des Eilands an. Gehege für Lamas, Bären, Büffel, Rentiere, Bengalische Hirsche, Affen und andere Tiere entstanden in den Folgejahren. Nach dem Tod des Tierliebhabers wurde die Menagerie 1842 aufgelöst, und der Großteil der Lebewesen zog in den neuangelegten Zoologischen Garten. An die Menagerie erinnern die Volière in der Nähe des Wasservogelteichs und natürlich die frei herumlaufenden Pfauen. Die buntschillernden Vögel kamen bereits in der Zeit Friedrich Wilhelms II. auf die Insel. Heute sind die rund 60 Pfauen deren Hauptbewohner und besondere Attraktion zugleich.

Durch den Lenné-Plan gliedert sich die Insel grob in drei Bereiche. Der nördliche von ihnen, der an das Areal der ehemaligen Menagerie angrenzt, blieb ländlich geprägt. Rund um das Schloss im Südwesten konzentriert sich die Gartenkunst.

Lenné öffnete die durch Wälder abgeschlossenen Landschaftsräume Fintelmanns und verband sie zu Freiflächen, welche die Insel durchziehen. Eine dieser Schneisen verläuft zentral von West nach Ost, die andere führt von der großen Wiese am Schloss in Richtung Norden. Die Kunstfertigkeit Lennés zeigt sich insbesondere im durchdachten Zusammenwirken von Naturkulisse und Wegeführung. Durch geschickt angelegte Kurven und Abzweigungen schuf Lenné stets neue Ansichten auf die Havel mit abwechslungsreichem „grünem Rahmen". Im Norden schweift der Blick frei über die glitzernde Wasserlandschaft, während die Uferwege im Süden durch Haine vor einem Zuviel an Sonnenstrahlen geschützt werden.

Zu den gärtnerischen Höhepunkten der Umgestaltung gehörte ein Rosengarten am Schloss, der mit bis zu 3000 hoch- und halbstämmigen Rosen einst zu den drei bedeutendsten Rosarien Europas zählte. 1989 wurde die Anlage rekonstruiert. Berühmtheit erlangte auch das Palmenhaus, das zwischen 1829 und 1831 von Albert Dietrich Schadow nach Plänen Schinkels nahe dem Schloss erbaut wurde. In dem Treibhaus gedieh eine der bedeutendsten Pflanzensammlungen Europas, und die Umgebung schmückte Lenné mit exotischen Gewächsen, zu denen Götterbäume, Tabak, Zuckerrohr, Reis und Papyrus gehörten.

Dank der Fülle der Attraktionen aus Flora und Fauna war die Pfaueninsel schon früh ein populäres Ausflugsziel. Nachdem das paradiesische Reich der Krone am Ende der Regentschaft Friedrich Wilhelms III. an zwei Tagen in der Woche für Besucher geöffnet wurde, strömten bis zu 6000 Besucher pro Tag auf die

Insel. Das legendäre Palmenhaus brannte leider 1880 vollständig ab.

Wer heute mit der Fähre zum täglich geöffneten Landschaftspark übersetzt, bekommt noch viele Zeugnisse der Glanzzeit unter Friedrich Wilhelm III. geboten. Zu diesen zählt das 1804 erbaute Kavaliershaus, das Karl Friedrich Schinkel 1824/25 im gotischen Stil umgestaltete und dabei die spätgotische Fassade eines Patrizierhauses aus Danzig einfügte. Wertvoll ist auch der Königin-Luise-Tempel im Norden mit dem ursprünglichen Sandstein-Portikus des Mausoleums im Schlosspark Charlottenburg von Heinrich Gentz. Das Wasserreservoir auf dem höchsten Punkt der Insel entstand 1824 mit gusseisernem Schalenbrunnen.

Erwähnt sei noch, dass dem Alchimisten Johannes Kunkel, der 1685–88 wie ein Einsiedler auf der Insel lebte und experimentierte, zwar nicht die Formel für Gold glückte, er dafür aber das rote Rubinglas erfand.

Die 1,5 Kilometer lange und rund 500 Meter breite Pfaueninsel ist als Teil des preußischen Schlosspark-Ensembles der Havel Weltkulturerbe. An der Fährstelle befindet sich am Festland ein Wirtshaus mit Biergarten.

Pfaueninselchaussee 1, 14109 Berlin; www.spsg.de
1794; Johann August Ferdinand Fintelmann 1804; Peter Joseph Lenné und Johann August Ferdinand Fintelmann 1824–34
Tgl. bis Einbruch der Dunkelheit, Fähre kostenpflichtig
Wirtshaus Pfaueninsel: Pfaueninselchaussee 100; tgl. ab 10 Uhr (Herbst Di. geschlossen); Tel. 805 22 25; www.pfaueninsel.de

▷ U Wannsee und Bus 218

Schlossgarten und Volkspark Glienicke

An der Havel zwischen Berlin und Potsdam liegt Preußens Arkadien. Der Park Babelsberg, der Neue Garten, der Park Sacrow, die Pfaueninsel und der Schlossgarten und Volkspark Glienicke bilden ein einzigartiges Ensemble inszenierter Natur. Kein Grashalm wächst hier zufällig. Einem Gemälde gleich bilden die feudalen Gärten und die reizvollen Höhenzüge ein harmonisches Ganzes, das von der Unesco als Weltkulturerbe eingestuft wird. Der Glienicker Park ist ein Paradebeispiel eines englischen Landschaftsgartens und fügt sich perfekt in die Kulisse der sanft ansteigenden Hügel am östlichen Ufer. Er ist ein herrlicher Ort für den geruhsamen Genuss. Wer erhabene Buchenwälder liebt, findet keinen besseren Platz in Berlin.

Der Grünbereich am Schloss, der *pleasureground* (Rasenplatz), ist ein herausragendes Denkmal preußischer Gartenkunst im weitläufigen Gelände von Glienicke. Vor rund 200 Jahren betrat hier ein späterer Star unter den Landschaftsplanern die Bühne: Peter Joseph Lenné (1789–1866). Nachdem Lenné

1816 seine Stelle zur Pflege der königlichen Parkanlagen in Potsdam angetreten hatte, beauftragte ihn Staatskanzler Karl August Fürst von Hardenberg (1750–1822) mit der Gestaltung des Gartens. Der Reformer des preußischen Staates hatte 1814, im Zenit seiner Laufbahn, das Gut in Glienicke erworben, um sich dort einen Landsitz zu errichten.

Von Hardenberg verfügte offenbar nicht nur über staatsmännisches Geschick, sondern auch über ein Gespür für junge Talente. Lenné, der ein halbes Jahrhundert als Landschaftsgestalter in Preußen aktiv sein sollte, war zwar als Neuankömmling noch unbekannt, doch an den prächtigsten Höfen Europas geschult. Am 23. September 1789 war „Buddel-Peter", wie die Berliner den allgegenwärtigen Gartenkünstler später liebevoll nannten, in Bonn zur Welt gekommen. Sein Vater war dort Hofgärtner und Inspektor des Botanischen Gartens. Als 22-Jähriger studierte Lenné in Paris, danach arbeitete er zwei Jahre im barocken Schlosspark von Schönbrunn bei Wien. In Preußen begann schließlich die kometenhafte Karriere des talentierten Grünexperten. König Friedrich Wilhelm III. (1770 bis 1840) richtete für den rheinländischen „Gartengesellen" nach zwei Jahren Tätigkeit in Sanssouci eigens eine Stelle in der königlichen Gartendirektion ein, deren Chef Lenné 1824 wurde. Weitere vier Jahre später wurde der Gartendirektor zum Alleinverantwortlichen aller preußischer Hofgärten. Bei seiner Ernennung zum General-Gartendirektor 1854 war Lenné längst einer der überragenden Gartenkünstler des 19. Jahrhunderts.

Der wunderbar restaurierte Pleasureground zwischen Schloss Glienicke und Glienicker Brücke ist die erste Schöpfung Lennés in Preußen und ein authentisches Zeugnis seines Schaffens. Lenné modellierte eine terrassierte Obstplantage des Hardenberg'schen Gutes in ein zauberhaftes, sanft geschwungenes Gelände um, in dem eine Wiese zum Ufer hinabführt. Der Tod des Besitzers unterbrach weitere Umgestaltungen.

1824 erwarb Prinz Carl von Preußen (1801–83) den Nachlass

des Kanzlers von Hardenberg. Der kunstsinnige Sohn des Königs Friedrich Wilhelm III. und der Königin Luise war Italienliebhaber und ließ das Gutshaus zwischen 1825 und 1827 von Karl Friedrich Schinkel im Stil einer italienischen Villa umbauen. Mit der Gestaltung der Grünanlagen beauftragte der Prinz erneut Lenné, mittlerweile königlicher Gartendirektor. Durch die kongeniale Zusammenarbeit von Architekt und Landschaftsgestalter ragt Glienicke aus den üblichen Sommersitzen des Adels hinaus. Das Anwesen ist durch seine umfangreiche Kollektion an Kunstwerken zugleich eine Art Freilichtmuseum.

Lenné ließ die frischen Eindrücke seiner Englandreise von 1822 in sein Werk einfließen. Nach dem Konzept des englischen Landschaftsgärtners Humphry Repton (1752–1818) besteht Glienicke aus einem Blumengarten, einem Pleasureground und einer ausgedehnten Parklandschaft. Der Blumengarten befindet sich im Gartenhof des Schlosses.

Der rund drei Hektar große Pleasureground wurde durch die Berliner Gartendenkmalpflege bis 1997, nach 20 Jahren Arbeit, akribisch wiederhergestellt. Einzelbäume sowie Gehölz- und Strauchgruppen sorgen für ein abwechslungsreiches Parkbild und bilden elegante Hintergründe für die Skulpturen und Wasserspiele. Charakteristisch für die Komposition Lennés sind die von imposanten Bäumen gerahmten Sichtachsen, durch die markante Bauwerke in der Ferne – etwa die Nikolaikirche in Potsdam – zu sehen sind. Besonders stimmungsvoll ist der Blick über die wellige Wiese des Pleasuregrounds mit den majestätischen Rot- und Blutbuchen zum Jungfernsee. Blütensträucher und Koniferen beleben zu jeder Jahreszeit den Gartenraum, durch den geschwungene Wege aus Ziegelschotter führen. Blumenbeete, kreisförmig oder oval, sorgen für leuchtende Farbtupfer. Die hohe Kunst der Teppichbeete zeigen beispielhaft das rekonstruierte Lilienbeet und das Mäanderbeet, die direkt neben dem Schloss liegen. Die Konturen der beiden Beete, in denen farblich kontrastreiche Blumen gedeihen, bestehen aus kurzgeschnittenem Buchsbaum. Das Lilienbeet hat die idealisierte Form einer Lilie.

Zum plastischen Schmuck, der den poetischen Zauber des Gartens steigert, gehört die Figur eines Milchmädchens mit dem zerbrochenen Krug, die „Laitière". Prinz Carl erhielt sie 1827 als Geschenk seiner Schwester Charlotte, der Zarin Alexandra Feodorowna. Das Milchmädchen ist Teil eines Brunnens, der von großblättrigen Stauden umrahmt wird. Berühmt in ganz Berlin ist die Löwenfontäne vor der Hauptfassade des Schlosses. Den repräsentativen Brunnen mit vergoldeten Bronzelöwen, die wie das Milchmädchen aus St. Petersburg stammen, entwarf Schinkel 1837/38. Das Schloss wurde übrigens mit Bedacht teils hinter Bäumen versteckt, um den ästhetischen Reiz des Verborgenen zu erzeugen.

Nicht nur die Bepflanzung, auch die Ausstattung des Pleasuregrounds entspricht bis ins kleinste Detail dem Originalzustand um 1860. So hat man heute das Vergnügen, auf Bänken zu sitzen, die 1824 von Schinkel entworfen wurden. Der damaligen Mode entsprechend, sind die halbkreisförmigen Sitzgelegenheiten aus Gusseisen. Auf kleinen schattigen Plätzen stehend, verwöhnen sie die Rastenden mit wunderbaren Ansichten. Originalgetreu sind auch die mit unterschiedlichen Ornamenten geschmückten Einfassungen der korbartigen Blumenbeete aus Terrakotta.

Ein weiterer Höhepunkt der Gartenkunst liegt am sogenannten Casino, das Schinkel 1824/25 am Havelufer erbaute. In Hochlage errichtet, bietet das mediterrane Bauwerk mit seinen Pergolen eine unvergleichlich schöne Sicht auf die Seenlandschaft. Das Entree zum Casino besteht aus kunstvoll arrangiertem Grün. Im Zentrum eines Rondells, umgeben von zwölf Linden, befindet sich das hervorragende Pliniusbeet. Das Hochbeet in Form eines stumpfen Kegels ist mit geschnittenem Buchsbaum bedeckt, auf der Spitze steht eine Skulptur der Jagdgöttin Diana.

Mit Hilfe des Prinzen Carl konnte Lenné auch die Ackerflächen des Glienicker Gutes in einen riesigen Landschaftspark umgestalten. War im Schlossgarten kleinteilige Raffinesse gefragt, erforderte dieses kühne Projekt das Planen in gewaltigen Dimensionen: Der Grundbesitz des Prinzen reichte bis zum Nikolskoer Weg und umfasste 116 Hektar Land. Besonders schön ist der aufgeforstete Wald, der vollkommen natürlich wirkt. 25 000 Bäume, in der Mehrzahl Buchen, aber auch Birken, Eichen, Eschen, Pappeln, Ulmen und Weymouthskiefern, ließ Lenné in nur zwei Jahren, 1824 und 1825, auf dem hügeligen Areal pflanzen. Die Lichtungen, die Dickichte und die mit Findlingen übersäten schluchtartigen Täler wirken natürlich, tragen aber meist das Gütesiegel des Gartenkünstlers, der Berlin mit seinem Werk einen wundervollen Buchenwald schenkte. Einzig die Vielzahl der Wege, die pittoresken Brücken und vereinzelten Gebäude erinnern daran, dass der Spaziergänger durch einen Park wandert. Die damals angelegten Seen und Bäche sind leider mittlerweile versiegt oder wurden zugeschüttet, so etwa der ehemalige Schlossteich auf dem großen Wiesengrund zwischen der Königstraße und dem Waldhang.

Ab den 1840er Jahren kümmerte sich Prinz Carl persönlich um die noch fehlenden Anpflanzungen im Landschaftspark und stand bei deren Gestaltung unter dem Einfluss des Gartenarchitekten Hermann Fürst von Pückler-Muskau (1785 bis 1871). Im Jahr 1859 kaufte der Prinz das Jagdschloss südlich seines Domizils für seinen Sohn. Da das Freigelände im Blickfeld seines Schlosses lag, gestaltete er auch diesen Park um. Experten sind der Ansicht, dass Lenné bei dem Entwurf mitwirkte, schließlich handelte es sich um den Schlussstein seiner gewaltigen Landschaftsinszenierung von der Pfaueninsel über Glienicke bis nach Babelsberg. Der zwischen 1860 und 1862 entstandene Park wurde 1938 rigoros mit einer bis zu fünf Meter dicken Sandschicht zugeschüttet. Dank der Gartendenkmalpflege ist der historische Zustand samt Teich inzwischen wiederhergestellt worden.

Nach dem Tod des Prinzen Carl 1883 wurde Glienicke vernachlässigt, worunter insbesondere die ausgeklügelte Gartenkomposition litt. 1935 erwarb die Stadt Berlin das ehemalige Eigentum der königlichen Familie und öffnete den Landschaftspark für die Bevölkerung. Aus dieser Zeit stammt der irreführende Name „Volkspark Glienicke".

Passend zu der Bedeutung des Parks, befindet sich im Schloss ein Museum über das Wirken der preußischen Hofgärtner. Im Sommer finden Konzerte im Schlossgarten statt, in der Remise wird ein Restaurant betrieben.

Königstraße 36, 14109 Berlin; www.spsg.de
Peter Joseph Lenné 1816, 1824
Pleasureground: Tgl. bis Einbruch der Dunkelheit
Remise: Tgl. ab 11 Uhr; Tel. 805 40 00; www.schloss-glienicke.de

▷ S Wannsee und Bus 316

Englischer Garten

Der Englische Garten ist kein Ort zum Fußballspielen oder für ausgelassenes Herumtollen. Neben dem Schloss Bellevue geht es ein wenig altmodisch zu. Man schätzt die gepflegt-gediegene Atmosphäre und das Kaffeekränzchen im Teehaus.

Der reizvolle Park, eingebettet in das riesige Areal des Großen Tiergartens, ist ein Stück Nachkriegsberlin. Er entstand 1951/52 neben den Ruinen des alten Hansaviertels auf Initiative der britischen Besatzungsmacht. Als Geste der Freundschaft und zum Gedenken an die Berlin-Blockade spendeten zahlreiche englische Städte, Vereine und Blumenliebhaber die Pflanzen für den neuen Park nördlich des Großen Sterns. Am 29. Mai 1952 wurde er im Beisein des damaligen britischen Außenministers Anthony Eden eingeweiht. Zum Dank für die großzügigen Schenkungen hieß die Grünanlage fortan Englischer Garten. Damit wurde dieses vier Hektar große Gelände, das mehr als 150 Jahre lang ein Teil des Schlossparks Bellevue war, zu einer eigenständigen öffentlichen Grünanlage.

Für die Gestaltung war Willy Alverdes (1896–1980) zuständig, unter dessen Federführung zur selben Zeit der benachbarte Tiergarten wieder bepflanzt wurde. Das Herzstück des Englischen Gartens besteht aus einem Teich, dem Formalgarten und dem heutigen Teehaus, allesamt nahe der Altonaer Straße. In Nachbarschaft zum damals neu ausgehobenen Teich ist ein Steingarten zu finden.

Mit dem Teehaus, das als Café, als Restaurant und für Konzerte genutzt wird, wollte man an ein traditionelles Gebäude erinnern, das eng mit der Geschichte dieser Grünfläche an der Spree verknüpft war. Als schlichtes Bauernhaus mit tiefgezogenem Reetdach gestaltet, ähnelt es der ehemaligen Meierei, die der Baumeister Friedrich Gilly (1722–1800) 1799 für den Schlosspark Bellevue entworfen hatte.

Eine Meierei existierte hier bereits ein halbes Jahrhundert vorher. Nachdem König Friedrich Wilhelm I. (1688–1740) den westlichen Rand des Tiergartens französischen Einwanderern zur Kultivierung einer Maulbeerplantage überlassen hatte, errichtete einer der nachfolgenden Besitzer, Pierre Antoine Meunier, 1730 eine Meierei auf dem Gelände. Kein Geringerer als Georg Wenzeslaus von Knobelsdorff (1699–1753), Chefarchitekt Friedrichs des Großen, ersteigerte den Besitz 1746 und baute sich dort ein Landhaus. Nach dem Tod Knobelsdorffs und diversen Eigentümerwechseln wurde der jüngste Bruder Friedrichs des Großen, Prinz August Ferdinand von Preußen (1730–1813), auf das Areal am Großen Stern aufmerksam und kaufte es 1784 samt der Meierei. Ein Jahr darauf ließ er Schloss Bellevue bauen. Der Prinz setzte nicht nur durch die frühklassizistische Gestaltung seines Palastes neue ästhetische Maßstäbe, auch in der Gartenkunst läutete er das Ende des Barock in Preußen ein: Sein Schlosspark wurde in Form eines englischen Landschaftsgartens angelegt. Die Entwürfe soll Johann August Eyserbeck (1762–1801) geliefert haben, der nach 1786 für den königlichen Hof tätig war. Ausdruck der damals modernen Haltung im Gartenbau ist das sogenannte „Aha“, eine Geländevertiefung vor dem Ehrenhof des Schlosses. Durch den sanft abfallenden Graben am Spreeweg konnte auf abriegelnde Gitter verzichtet und der Palast optisch in den angrenzenden Tiergarten einbezogen werden.

Auch die Meierei passte hervorragend ins Konzept, war eine solche *laiterie* mit echten Kühen doch seinerzeit an europäischen Fürstenhäusern en vogue. Prinz August Ferdinand gab ein solches Gebäude bei Friedrich Gilly in Auftrag. Das weiße Bauernhaus mit hohem Strohdach fügte sich harmonisch in das pittoreske Bild des Schlossparks, der keinen repräsentativen Zweck erfüllen musste, sondern eher ein Hausgarten war. Sowohl die Meierei als auch das Landhaus Knobelsdorffs waren in gutem Zustand erhalten, als sie 1938 abgerissen wurden.

Das Anwesen des Prinzen vergrößerte sich um 1800 durch Landankauf und dehnte sich dadurch bis zum Großen Stern und zur heutigen Altonaer Straße aus. Der hinzugewonnene Bereich, heute das Areal des Englischen Gartens, wurde nur unter der Bedingung abgetreten, dass er täglich einige Stunden für das Publikum geöffnet würde. Diese Regelung war praktikabel, weil ein Wasserlauf den Bereich vom Privatgelände des Prinzen abtrennte.

Mitte des 19. Jahrhunderts gestaltete Peter Joseph Lenné den gesamten Schlosspark um.

Da er umzäunt war, blieb der Garten nach dem Zweiten Weltkrieg vom Kahlschlag im angrenzenden Tiergarten verschont und besitzt heute majestätische alte Bäume. Das kriegszerstörte Schloss Bellevue wurde von 1954 bis 1959 als Sitz des Bundespräsidenten wiederaufgebaut. Gartenarchitekt Reinhard Besserer gestaltete bis 1960 den präsidialen Garten neu. Einen Großteil des einstigen Grundbesitzes der Hohenzollern hatte die Bundesrepublik zuvor der Stadt Berlin übergeben. Auf dem durch Mauer und Zaun vom Schlosspark Bellevue abgetrennten Gelände entstand der Englische Garten.

Ein Kleinod ist der Formalgarten, der vor der Terrasse des Teehauses liegt. Im Stil eines barocken Parterres sind dort zwei rechteckige, von Blumenrabatten gerahmte Rasenflächen angelegt, in denen jeweils drei kleine Springbrunnen plätschern. Auch die akkurat zu Kugeln und Pyramiden geschnittenen Eiben sind überraschende Stilzitate des Barock in dem ansonsten landschaftlich gestalteten Park. Mit weißen Bänken ausgestattet und umgeben von Hecken, ist dieser schmucke Bereich eine gut abgeschirmte Ruhezone, die sich besonders im Frühling zum Sonnetanken eignet.

An den Formalgarten grenzt der naturnah gestaltete Teich, den man auch von der Terrasse des Teehauses betrachten kann. Nördlich vom Teich liegen eine Rhododendrongruppe und ein kleiner Steingarten, der wie ein japanischer Ziergarten wirkt. In Richtung Großer Stern dominiert eine große, sehr gepflegte Wiese. In einem Winkel am Zaun des Präsidentensitzes versteckt sich der hübsche Fuchsiengarten. Zu sehen sind dort die Plastiken „Knappe mit Pony" von Erdmann Encke (1896) und „Liegender Bison" von Rudolf Siemering (1900). Ein schlichtes Denkmal am Weg neben dem Zaun stammt aus der Epoche des Prinzen August Ferdinand, der damit seinen Hofmarschall Caspar Friedrich Ernst von Bredow ehren ließ.

Der rund zwei Kilometer lange Bellevue-Rundgang führt vom Bismarck-Denkmal am Großen Stern durch den Englischen Garten und um den Schlosspark herum bis zum Ufer der Spree.

Altonaer Straße, Großer Stern, 10557 Berlin
Willy Alverdes 1951/52
Teehaus: Okt.–März tgl. ab 12 Uhr (außer Di.), April–Sept. tgl. ab 10.30 Uhr; Tel. 39 48 04 00; www.teehaus-tiergarten.com
Schlosspark Bellevue: 1785–90, Peter Joseph Lenné 1848; Reinhard Besserer 1958–60

▷ S Bellevue, U Hansaplatz

Schlosspark Köpenick

Im Jahre 1712 gab es aus Köpenick eine Sensation zu berichten: Eine „100-jährige Aloe" stehe im königlichen Garten des Schlosses in voller Blüte, hieß es. Auf dem Stich, der das botanische Wunder darstellt, ist unschwer zu erkennen, dass es sich bei der hochgeschossenen Pflanze in Wahrheit um eine amerikanische Agave handelte. Ein subtropisches Gewächs, das heute vielen von Urlaubsreisen auf die iberische Halbinsel bekannt ist, wo die Pflanze heimisch geworden ist. Die üblicherweise nicht sehr attraktive Pflanze mit ihren langen, dicken, stacheligen Blättern beendet ihr unspektakuläres Dasein mit einem Feuerwerk aus Blüten, die sich zu Tausenden an ihrem baumstammartigen Schaft entfalten. Im Falle des Köpenicker Exemplars sollen es nach dem Bericht der Chronisten genau 7277 Blüten gewesen sein. Nachdem die Agave einmal geblüht hat, stirbt sie ab.

Die drei Jahrhunderte alte Nachricht klang in Zeiten, in denen von Klimaerwärmung noch nicht geredet wurde, schier unglaublich: Die südländische Pflanze hatte zwar nicht, wie behauptet wurde, 100, aber immerhin 44 Jahre in unseren trüben Breitengraden überstanden. Solche Erfolge ermutigten damals viele Hofgärtner zur Kultivierung von Pflanzen aus fernen Kontinenten, die ohne fachmännische Pflege nicht für das heimische Klima geeignet waren, etwa Ananas, Bananen, Palmen oder Zuckerrohr.

Heute gibt es im Schlosspark Köpenick keine spektakulären Exoten mehr zu bestaunen, dafür kann man die wunderschöne Lage auf einer beschaulichen Insel genießen: Das rund zwei Hektar große Areal wird an drei Seiten von der Dahme umflossen, die auf Höhe der Köpenicker Altstadt in die Spree mündet. Ein idealer Ort, um ungestört die Seele baumeln zu lassen. An der vierten, der nördlichen Seite steht das barocke Schloss und erinnert daran, dass es sich um einen bedeutenden Ort mit langer Geschichte handelt. Bereits im 7. und 8. Jahrhundert siedelten Slawen auf dem Inselchen und errichteten eine Burg. Ab 1240 hatten die Askanier am strategisch wichtigen Punkt im Spreeraum das Sagen.

Der Große Kurfürst (1620–88) wählte schließlich die Insel, auf der seit 100 Jahren ein Jagdschloss stand, als Sitz für die Kronprinzen. Ein Ritterschlag für die Stadt Köpenick. Als der Erstgeborene, Karl Emil (1655–74), starb, wurde Friedrich (1657–1713) der alleinige Besitzer des Anwesens. Für den Thronfolger baute man das heutige Schloss, ein einzigartiges Baudenkmal aus der Zeit des Großen Kurfürsten. Errichtet wurde es 1677–90 nach Entwürfen des niederländischen Baumeisters Rutger van Langervelt. Das dreigeschossige Gebäude im Stil des holländischen Barock ist damit auch ein Beispiel für den prägenden Einfluss der Niederlande in Brandenburg am Ende des 17. Jahrhunderts. Man vermutet, dass Langervelt auch den dazugehörigen Garten plante, für den nach Baubeginn das Inselgelände aufgeschüttet wurde.

Zu den wenigen erhaltenen Ansichten des ursprünglichen

Schlossparks gehört der genannte Stich der Agave aus dem Jahr 1712. Im Hintergrund ist ein barocker Lustgarten mit Mittelachse und geometrischen Parterres abgebildet, die mit kunstvollen Broderien geschmückt sind. Zu erkennen sind ferner kleine Pyramidenbäumchen und niedrige immergrüne Hecken.

Seltsamerweise liegt der Park nicht, wie in der Architektur des Barock üblich, vor der Hauptfassade des Schlosses, sondern neben dem Bauwerk. Diese Anordnung ist weder einer Laune der Hohenzollern geschuldet noch den beengten Verhältnissen auf der Insel. Vielmehr wurde das Schloss nicht in seiner geplanten Größe gebaut. Eigentlich sollte ein Palast mit drei Flügeln entstehen, von dem nur einer vollendet wurde. Das bestehende Schloss war nur als einer der beiden Seitenflügel gedacht. Der Hauptbau kam über die Fundamente nicht hinaus. Berücksichtigt man dessen Lage, erkennbar an der mit beschnittenen Bäumen bestandenen Terrasse zwischen Schlosshof und Park, so wurde der Garten korrekt *vor* dem Schloss angelegt.

Das imposante Bauvorhaben kam zum Erliegen, weil das Leben des Kurprinzen eine schicksalhafte Wendung nahm. 1683 starb seine Gemahlin Elisabeth Henriette mit nur 22 Jahren. Fünf Jahre darauf verschied sein Vater, und der Prinz wurde Landesherr. Kurfürst Friedrich III., der 1701 als Friedrich I. König in Preußen wurde, verließ daraufhin Köpenick und nahm Residenz im Berliner Schloss.

Unter dem prunksüchtigen und verschwenderischen Regenten wurde zwar nicht weitergebaut, der Schlosspark jedoch wurde gehegt und gepflegt. Nach seinem Tod aber ließ die monetäre Zuwendung schlagartig nach. Ende des 18. Jahrhunderts war das Schloss, nachdem es drei Jahrzehnte zuvor als Domizil der verwitweten Herzogin von Württemberg-Teck gedient hatte, verlassen und der Garten völlig verwildert.

Erst unter einem neuen Besitzer, General Friedrich Graf von Schmettau (1743–1806), wurde der heruntergekommene Barockgarten ab 1804 als Landschaftspark wiederbelebt. Von diesem Hausherrn stammt die Sandsteinvase mit weinendem Putto, die im Park zur Erinnerung an die 1771 verstorbene Marianne von Schmettau aufgestellt wurde.

Die letzte, bis heute bestehende Umgestaltung des Schlossparks stammt aus den Jahren 1962 bis 1964. Durchgeführt wurde sie anlässlich der Eröffnung des Kunstgewerbemuseums im Schloss 1963. Der neue Park, nach einem Entwurf von Helmut Lichey, nimmt keinerlei Bezug auf die historischen Vorgänger. Von dem höher liegenden Schlosshof aus führt eine von alten Bäumen und üppigen Büschen gesäumte Promenade am Ufer entlang. Im Zentrum liegt eine ausgedehnte Rasenfläche. Neben Rhododendron gedeihen in der feuchten Umgebung der Insel besonders die immergrünen Gewächse. Zahlreiche Bänke ermöglichen einen geruhsamen Blick auf die Wasserlandschaft.

An der Bucht des sogenannten Frauentoges, gleich neben der Schlosskapelle, befindet sich ein Café in schöner Uferlage.

Zu den Skulpturen, die im Park aufgestellt wurden, gehört neben modernen Plastiken ein Gedenkstein für Johann Julius Hecker, den Begründer des preußischen Lehrerseminars, das von 1851 bis 1926 im Köpenicker Schloss ansässig war.

Den Schlosspark betritt man durch ein repräsentatives Portal (1682 von Johann Arnold Nering), zu dem eine Brücke führt. Dahinter liegt der Schlosshof, den ein Rondell mit Rasen und Blumen im Stil des späten 19. Jahrhunderts schmückt und an den sich der Park direkt anschließt.

Schlossinsel 1, 12557 Berlin; smb.museum.de
1677; 1804; Helmut Lichey 1962–64
Tgl. bis Einbruch der Dunkelheit
Schlosscafé: Mai–Sept. tgl. ab 10 Uhr; Tel. 65 01 85 85;
www.schlosscafe-koepenick.de

▷ S Köpenick, S Spindlersfeld und Tram 60, 61, 62

Die Gärten des Adels

Schlosspark Buch

Im Norden Berlins, im Dorfkern von Buch, liegt der verwunschene Schlosspark Buch, in dem man meist nur wenige Besucher antrifft. In der Zeit des Großen Kurfürsten (1620–88) befand sich auf diesem Gelände eine der attraktivsten Grünanlagen im Reich des Regenten. Als einen der elf schönsten Gärten der Mark Brandenburg pries sein Leibarzt und Gartenmeister Johann Sigismund Elßholz das grüne Kunstwerk auf dem Gut Buch. Nach holländischem Vorbild hatte Generalwachtmeister Gerhard Bernhard von Pölnitz (1617–79) sein 1670 erworbenes Anwesen mit Alleen und Wassergräben streng geometrisch in Nord-Süd-Richtung ordnen und attraktiv bepflanzen lassen. Die Struktur des kultivierten Rechtecks, das heute im Zentrum des Parks liegt, ist noch erhalten und gut zu erkennen an den drei parallel verlaufenden Alleen, den rechtwinkligen Wiesenflächen und den Kanälen, die der Entwässerung des Geländes an der Panke dienten.

Die nachfolgenden adeligen Besitzer des Gutes gestalteten

die stetig wachsende Grünanlage nach der jeweiligen Mode – zunächst den komplizierten Regeln des Barockgeschmacks folgend, später im Sinne landschaftlicher Arrangements. Den Charakter eines Landschaftsparks besitzt der Schlosspark noch heute. Die Kanäle, die das Kernstück des ehemaligen holländischen Gartens an drei Seiten umschließen, wurden im frühen 19. Jahrhundert in natürlich wirkende Wasserläufe mit unregelmäßigen Ufern verwandelt. An ihrem Zusammenfluss weiten sie sich zu einem Teich. Zahllose Brücken überspannen die Gräben und die Panke, die das Gelände malerisch durchfließt.

Besonders reizvoll ist das harmonische, natürlich wirkende Wechselspiel zwischen Wäldern und Wiesen, an dem sich auch die historische Handschrift der Gestalter ablesen lässt. Neben den Alleen aus Linden sind es betagte, imposante Bäume, die von der fast 350-jährigen Kultivierung des Terrains zeugen. Eine grandiose Fichte etwa, hochgewachsene Eichen, Buchen, Erlen, Ulmen und Ahorne in allen Varianten. Die Prachtexemplare unter ihnen tragen informative Tafeln mit der deutschsprachigen Bezeichnung.

Welcher Glanz in Buch einst herrschte, wird beim Betrachten der Schlosskirche klar, die neben dem Parkportal an der Straße Alt-Buch steht. Sie ist ein seltenes Beispiel barocker Baukunst in Berlin, ein Juwel, das als schönste Dorfkirche der Mark gilt. Gebaut wurde die architektonische Rarität von 1731 bis 1736 nach einem Entwurf von Friedrich Wilhelm Diterichs (1702–82), dem Berlin auch das herausragende Ephraim-Palais in der historischen Stadtmitte verdankt.

Das außergewöhnlich qualitätsvolle Gotteshaus, ein Zentralbau auf kreuzförmigen Grundriss, hatte Adam Otto von Viereck (1684–1758) in Auftrag gegeben, der das Gut in Buch 1724 erwarb. Der preußische Staatsminister ließ den Baumeister Diterichs auch das Gutshaus als barockes Schloss ausbauen. Das noble zweistöckige Palais mit hohem Walmdach befand sich direkt neben dem Kirchhof. Wegen Baufälligkeit wurde das Schlösschen leider 1964 abgerissen. Ein mit Steinplatten gedeckter, mit Blumenbeeten aufgelockerter Platz im Park erinnert an seinen Standort.

Westlich des Schlosses erstreckte sich einst das barocke Parterre, heute eine landschaftlich gestaltete Wiese. Wo zur Freude der adeligen Besitzer und ihrer Gäste eine kleine Fontäne sprudelte, findet man nunmehr ein Blumenrondell.

Nach dem Tod Adam Otto von Vierecks kam das Gut 1761 in den Besitz seiner ältesten Tochter Amalie, die mit dem Dompropst Hieronymus von Voß verheiratet war. In der Ära der Familie von Voß wandelte sich der Park um 1800 in einen Landschaftsgarten nach englischem Vorbild, in den die Panke mit ihren Auenwäldern einbezogen wurde.

Auf die heitere Atmosphäre der Schlossanlage legte sich 1789 ein dunkler Schatten: Die junge Elisabeth Amalie von Voß (1766–1789), „Julie“ genannt, diente auf Schloss Schönhausen der Königin Elisabeth Christine, der Ehefrau Friedrichs des Großen. Als Friedrich Wilhelm II. (1744–97) im Jahr 1786 den preußischen Thron bestieg, kam bald die Liebesaffäre zwischen dem verheirateten König und der Hofdame Julie von Voß ans Licht. Der Monarch, für seine zahlreichen amourösen Abenteuer bekannt, scheute sich nicht vor einer weiteren Trauung, und seine Mätresse wurde Gattin „zur linken Hand“. In dieser Form tolerierte man damals skandalträchtige Liebschaften am Hof. Julie erhielt zugleich den Titel einer Gräfin von Ingenheim. Die junge Frau brachte Anfang 1789 einen Sohn zur Welt und starb kurz darauf an Schwindsucht.

Elisabeth Amalie von Voß wurde in der Bucher Kirche beigesetzt. Das Denkmal, das ihr Bruder Otto von Voß zum Andenken im Schlosspark aufstellte, wurde nach 1945 in das Märkische Museum überführt. In Buch erinnert heute an die Ära von Voß noch die Grablege der Familie auf dem historischen Kirchhof. Sie ist an der westlichen Befestigungsmauer zu finden, gut erkennbar am Familienwappen.

Das Gut wurde 1898 von der Stadt Berlin gekauft und 1920 dem Gartenamt Pankow unterstellt. Zwischen 1955 und 1957 fanden umfangreiche Arbeiten zur Wiederherstellung des Parks statt. Der dabei zugrunde gelegte Plan von Gartenhistoriker Folkwin Wendland orientierte sich an der Gestaltung der adeligen Gärten.

Der ehemalige Wirtschaftshof der Schlossanlage mit seinen Stallgebäuden aus Backstein ist kulturelles Zentrum des Ortsteiles Buch. Auf dem „Künstlerhof" befinden sich Galerien, Werkstätten und ein Hotel mit Restaurant. Das Ensemble befindet sich an der Straße Alt-Buch in Nachbarschaft zur Kirche.

Durch den Schlosspark führt, parallel zur angrenzenden Bahnstrecke nach Bernau, der Radfernweg Berlin—Usedom. Es lohnt sich, dem Radweg zu folgen, das dichte Waldstück zu durchqueren und den Park am Pölnitzweg zu verlassen. Dort grenzt der weite, landschaftlich reizvolle Wiesengrund der Panke an, durch den sich der begehbare Radweg zieht.

Alt-Buch 41, Wiltbergstraße, Pölnitzweg, Röntgentaler Weg,
13125 Berlin
1670; ab 1724; Folkwin Wendland 1955–57
Künstlerhof: Alt-Buch 45–51; Di–Fr ab 15 Uhr, Sa ab 12, So ab 9 Uhr;
Tel. 94 39 74 40 (Restaurant); www.kuenstlerhof-buch.de

▷ S Berlin-Buch

Park am Weißen See

Eine beliebte Oase für Jung und Alt, zum Schlendern und Schlemmen und eine reizvolle Attraktion für Wasserratten ist der Park im Stadtteil Weißensee. Das „Milchhäuschen", eine Gaststätte am Westufer des Sees, ist eine Institution, in dem sich noch DDR-Flair erhalten hat.

Für einige Tage das Jahres 1763 fiel der Glanz der hohen internationalen Diplomatie auf das ansonsten abseits der Staatsgeschäfte liegende Grün am Weißen See. Es war das Jahr, in dem der Siebenjährige Krieg zu Ende ging, den Friedrich der Große (1712–86) mit mehr Fortune als Verstand überstanden hatte und der Preußen zur Großmacht hatte werden lassen. Damals weilte der türkische Minister Ahmet Effendi, vom Sultan des Osmanischen Reiches entsandt, am Hof Preußens und logierte auf dem Gut am Weißen See, bis in Berlin angemessene Quartiere beschafft waren.

Das Anwesen, offenbar würdig genug, um als vorübergehende Bleibe für einen hochrangigen Gast von politischem

Gewicht zu dienen, war gut 20 Jahre zuvor von Carl Gottlob von Nüßler (1700–76) errichtet worden. Der Landrat des Niederbarnim hatte 1745 drei Rittergüter am See gekauft und zu einem großen Besitz vereint. Der neuentstandene Garten erstreckte sich bis zum Weißen See und auf breiter Front entlang seines südlichen Ufers.

Das hübsche Gewässer außerhalb der Residenzstadt Berlin, in einer eiszeitlichen Senke gelegen, war bereits dem Großvater Friedrichs des Großen aufgefallen. Der spätere erste König in Preußen, Friedrich I. (1657–1713), wollte das Gebiet am Weißen See seiner zweiten Gattin als Sommersitz schenken. Sophie Charlotte jedoch gab einem Ort nahe des Dorfes Lietzow den Vorzug, an dem sie das später nach ihr benannte Schloss Charlottenburg errichten ließ.

Ungeachtet dessen kam der Weiße See im Laufe der Zeit zu seinem „Schloss". 1859 ließ Landesökonomierat Friedrich Wilhelm Lüdersdorff (1801–86), mittlerweile Eigentümer des Anwesens, in dem einst der türkische Gesandte genächtigt hatte, anstelle des alten Gutshauses ein schlossähnliches Gebäude errichten. Den Gutsgarten verwandelte er in einen landschaftlichen Park. Unbekannt ist, wer das weitläufige Grün gestaltete. Das „Schloss Weißensee", ein spätklassizistischer Bau an der Südseite des Sees, besaß zwei Stockwerke und Ecktürme. Zum See hin befand sich eine Terrasse.

Das glamourös-herrschaftliche Leben, das man landläufig mit einem Schloss verbindet, hatte jedoch bald ein Ende. Bereits 1874 wurde der Bau zu einem Vergnügungslokal umfunktioniert, dem „Schloss-Restaurant". Zehn Jahre später gesellten sich Karussells, Reitbahnen und Rutschbahnen hinzu. Auch der Weiße See wurde Bestandteil des wachsenden Freizeitangebotes: 1880 entstand dort eine Badeanstalt.

Bis heute ist der rund 8,3 Hektar große Weiße See ein beliebtes Ziel für Badefreunde geblieben. Mit einer Tiefe von bis zu 10,6 Meter zählt er zu den tiefsten Gewässern der Stadt und verfügt daher über eine gute Wasserqualität. Im Strandbad Weißensee kann man im Sommerhalbjahr das kühle Nass genießen. Neben dem märkischen Sand am Ufer tragen Palmen auf der Sonnenterrasse zu einer südländischen Atmosphäre bei. Die „Überseebar“ sorgt für Stärkung und Erfrischung.

Zur öffentlichen Grünanlage, wie wir sie heute kennen, wurde das Areal am See ab 1905. Damals erwarb die Gemeinde Weißensee den Schlosspark, der mittlerweile beträchtlich an Größe eingebüßt hatte, sowie sämtliche Grundstücke rund um das Gewässer. Dadurch konnte der See von Bebauung freigehalten werden, und es blieb Platz für die Anlage der umlaufenden, rund 1,3 Kilometer langen Promenade.

In den folgenden Jahren wurde der Park nach Plänen von Carl James Bühring (1871–1936) zeitgemäß gestaltet und ausgeschmückt. 1912 entstand die Bastion mit den beiden Tritonen am Seeufer nach einem Entwurf des Architekten Hans Schellhorn. Auch das Planschbecken für Kinder im Bereich Parkstraße stammt von ihm. Im selben Jahr wurde die Badestelle zur „Gemeindebadeanstalt“ ausgebaut. Am Kinderplanschbecken stellte man 1925 eine Tierplastik mit zwei Seelöwen von Willy Ernst Schade auf.

1919 brannte das „Schloss-Restaurant“ aus. Im Zweiten Weltkrieg noch einmal schwer beschädigt, wurde es schließlich in der Nachkriegszeit abgerissen. Der Name „Schlosspark“ hielt sich noch ein paar Jahre länger, dann wurde auch dieser letzte Hinweis auf noblere Zeiten getilgt. Eine Reihe von Bäumen oberhalb der sogenannten Seeterrassen am Südufer des Sees markiert den ehemaligen Standort des Gebäudes. Nach dem Verlust dieses Ausflugszieles erhielt der rund 14 Hektar große Park zahlreiche neue Attraktionen als Ausgleich. Zu ihnen zählen die Freilichtbühne im Norden aus dem Jahr 1956 und ein Rosengarten gegenüber der Badeanstalt. In den Garten eingebettet ist eine Pflanzen-Sonnenuhr aus kurzgeschnittenen Buchsbäumen. Zeitgenössische Skulpturen schmücken die nahe Umgebung. Im Bereich an der Parkstraße liegt das „Milchhäuschen“, eine große Gaststätte mit attraktiver Terrasse direkt am Seeufer. Das Wahrzeichen des Weißenseer Parks ist die 1969 eingeweihte hohe Wasserfontäne im See.

Alter Baumbestand und lichte Wiesenflächen, die bis zur malerischen, weidenbestandenen Uferzone reichen, prägen die Grünanlage. Besonders imposant sind die betagten Pappeln mit mächtigen Stämmen.

Wer das Wasser genießen, aber nicht im Strandbad schwimmen möchte, kann sich auch ein Boot ausleihen. Den Bootsverleih findet man, wenn man vom Eingang an der Indira-Gandhi-Straße zum See hinuntergeht und am Ufer links abbiegt. Wenn das Gewässer in strengen Wintern zufriert, wird es zu einem Eldorado für Schlittschuhfahrer.

An der Berliner Allee befindet sich ein Spielplatz jüngeren Datums mit modernen Holzklettergeräten. In der Nähe des ehemaligen Kulturhauses steht ein Denkmal aus DDR-Zeiten. Die Figurengruppe mit Relief, die antifaschistische Widerstandskämpfer darstellt, wurde 1978 von Studenten der Kunsthochschule Weißensee geschaffen.

Berliner Allee, Amalien-, Albertinen-, Park- und Große Seestraße, 13086 Berlin
1745; Carl James Bühring 1905–12
Milchhäuschen: Parkstraße 33a; tgl. 10–23 Uhr; Tel. 927 11 43; www.milchhaeuschen-berlin.de;
Strandbad Weißensee: Uferpromenade; Tel. 925 32 41; www.binbaden.com

▷ Tram 12, M4, M13

Köllnischer Park

Eine Ruhezone im betriebsamen Stadtzentrum ist der Köllnische Park, in dem die Angestellten der umliegenden Büros und Botschaften gerne ihre Mittagspause verbringen. Die wenigsten werden die geschichtliche Bedeutung des Ortes kennen.

Der Dreißigjährige Krieg war für die Mark Brandenburg verheerend. In der Doppelstadt Berlin-Kölln hatte sich die Bevölkerung auf annähernd 6000 Menschen halbiert. Um seine geschundene Residenzstadt künftig besser gegen feindliche Heere zu schützen, baute der Große Kurfürst (1620–88) sie zur Festung aus. Ein hermetischer Kranz aus 13 spitz zulaufenden Bastionen umschloss ab 1658 die beiden Städte an der Spree. Vor den hohen Mauern bildete ein bis zu 30 Meter breiter Wassergraben eine weitere Barriere. Aus der Vogelperspektive betrachtet, glich der Festungsring einem vielstrahligen Stern. Zuständig für die Errichtung des Bollwerks war Johann Gregor Memhardt (1607–78). Die Fertigstellung 1683 erlebte der in den Niederlanden ausgebildete Festungsarchitekt nicht mehr.

Ein halbes Jahrhundert später hinderte die Verteidigungsanlage die Residenz in ihrem Wachstum. Stück für Stück wurde sie zugunsten von Bauland abgetragen. Ihr charakteristischer Grundriss blieb jedoch im Stadtraum erkennbar, da der Festungsgraben erhalten blieb. Südlich der Stadt Kölln – das heißt südlich der Spreeinsel – waren Gärten im stadtseitigen Rückraum der alten Festung entstanden. Der Bankier David Splitgerber (1683–1764) kaufte 1748 einen der größeren Gärten an der heutigen Wallstraße. Friedrich der Große (1712–86) war so generös und schenkte ihm dazu die Reste der Bastion Nr. 7, die als Wall neben dem Spreeufer überdauert hatte. Aus diesem Besitz ging der Köllnische Park hervor.

Mit kaum einem Hektar Fläche ist der Köllnische Park die kleinste der in diesem Buch vorgestellten Grünanlagen. Der Garten des Bankiers Splitgerber war ursprünglich um ein Vielfaches größer und umfasste neben der Bastion Nr. 7 auch noch das Gelände der benachbarten Bastion Nr. 6, die zur heutigen Neuen Roßstraße reichte. Das grüne Refugium war, trotz des extravaganten Zuschnitts, nach allen Regeln der barocken Gartenkunst angelegt und für seine Schönheit berühmt. Eine Allee durchzog das langgestreckte Areal, in dem sich auch eine Orangerie, ein Tempel sowie ein ovales Lusthaus im modischen chinesischen Stil befanden.

Nach dem Tod Splitgerbers gelangte der Garten in den Besitz der Freimaurerloge „Zu den drei Weltkugeln“. Auf einem Plan von 1825, der den Grundbesitz der Loge abbildet, sind die Umrisse der ehemaligen Bastionen mitsamt dem dazwischen liegenden Gelände (Courtine) noch deutlich zu erkennen, und auch der Festungsgraben bestand weiterhin.

Erkennbar ist auch der sogenannte Wusterhausische Bär, ein kleines rundes Türmchen, das auf einem Wehr im Graben stand. Der Backsteinbau aus der zweiten Hälfte des 17. Jahrhunderts sollte verhindern, das Angreifer über das Wehr vordringen konnten, mit dem der Wasserstand im Graben reguliert wurde. 1718 erhielt der Wusterhausische Bär eine kegelförmige Spitze mit bekrönender Rüstungstrophäe aus Sandstein. Das einmalige Relikt der Memhardt'schen Festung steht seit 1893 im Köllnischen Park an der Rungestraße.

Der große Logengarten wurde im Sinne des frühen Landschaftsstils umgestaltet.

1870, unmittelbar vor der Reichsgründung, wurde das Gartengelände in zwei stark reduzierte Grünflächen aufgeteilt. Die neue Inselstraße zerschnitt das Areal an seiner schmalsten Stelle, und die Loge behielt nur noch den westlichen Bereich der ehemaligen Bastion Nr. 6. An der Wallstraße, Ecke Inselstraße entstand das Köllnische Gymnasium.

Den östlichen Bereich des einstigen Logengartens verwandelte Gartendirektor Gustav Meyer im selben Jahr in eine öffentliche Grünanlage – den Köllnischen Park. Meyer legte auf dem alten Hügel der Bastion Nr. 7 einen der ersten Kinderspielplätze in Berlin an. Als man 40 Jahre später beim Bau der U-Bahn Sockelsteine der Befestigung fand, wurden sie am Aufgang zum Spielplatz in die Böschung gelegt. Weitere Veränderungen ergaben sich durch die Zuschüttung des Festungsgrabens 1883, der in diesem Abschnitt Grüner Graben hieß. Auf der gewonnen Fläche entstanden die Rungestraße und die Straße Am Köllnischen Park.

Schließlich wurde von 1901 bis 1907 auf dem Standort der Städtischen Irrenanstalt das Märkische Museum errichtet. Berlins Stadtbaurat Ludwig Hoffmann nahm mit seinem Paradebau des Historismus auch Rücksicht auf den Rest der Bastion.

1937, zur 700-Jahr-Feier Berlins, schenkten die nationalsozialistischen Machthaber der Stadt den Bärenzwinger, der wenige Tage vor Kriegsbeginn 1939 im Köllnischen Park eingeweiht wurde. Das sehr beengte Gehege, in dem Braunbären gehalten werden, ist bei weiten Teilen der Bevölkerung sehr beliebt. Noch ist offen, ob die wenig artgerechte Haltung der Berliner Wappentiere auch in Zukunft fortgesetzt wird.

Mit der letzten Neugestaltung des Parks verschwand 1969 der kümmerliche Rest des Berliner Festungswalls. Der Bastionshügel wurde abgetragen, stattdessen entstand zum Märkischen Museum hin eine Terrasse. Im Gegensatz zu Dresden oder Wien, wo Überreste der historischen Festungsanlagen in städtische Attraktionen umgestaltet worden sind, maß Berlin diesem historischen Bauwerk keine Bedeutung zu.

Der Köllnische Park besteht nunmehr überwiegend aus einer planen Wiese, auf der einzelne Bäume – überwiegend Linden und Kastanien – stehen. Neben dem runden Türmchen des Wusterhausischen Bären liegt ein kleiner Spielplatz. An der schmalsten Stelle, zwischen Wall- und Rungestraße, wurden rechteckige Staudenbeete angelegt, die von niedrigen Eibenhecken eingefasst sind. Neben diesen schmuckvollen Beeten steht an der Wallstraße eine Bronzeskulptur, die den Berliner Zeichner, Maler und Fotografen Heinrich Zille (1858–1929) darstellt. Das 1965 geschaffene Werk stammt vom Bildhauer Heinrich Drake.

Ein Teil des Parks, insbesondere die Terrasse, dient als Lapidarium Berliner Architektur und Plastik. Vom einstigen Stadtschloss ist ein Sandsteinkapitell des Portals III zu sehen, ebenso ein Sandsteinrelief des Renaissancebaus des Schlosses aus dem 16. Jahrhundert. Neben zahlreichen weiteren Originalen und Kopien, die als Spolien in der Mauer neben der Terrasse eingefügt sind, beeindruckt die Statue „Herkules im Kampf mit dem Nemeischen Löwen“. Die 1791 nach einem Entwurf von Gottfried Schadow von Conrad Boy geschaffene Skulptur schmückte einst die Herkulesbrücke, die über den Festungsgraben nahe dem Hackeschen Markt, den Königsgraben, führte.

Am Köllnischen Park, Wall-, Rungestraße, 10179 Berlin
1748; Gustav Meyer 1870; Eberhard Jaenisch, Stefan Rauner und Roswitha Schultz 1969–71

▷ U Märkisches Museum, S/U Jannowitzbrücke

Volkspark am Weinberg

Hier „chillen“ und entspannen insbesondere junge Lebenskünstler und trendbewusste Zeitgeister aus Mitte. Ein abgetrennter Bereich steht Kindern und Eltern zur Verfügung. Mitten im Volkspark lockt eine schön gelegene Caféterrasse, an der Wein wächst.

Heute hat der Wein, der im Herzen der Hauptstadt gedeiht, in erster Linie symbolische Bedeutung. Die rund zwei Dutzend Rebstöcke im Weinbergpark erinnern daran, dass an dem Hang nördlich des Rosenthaler Platzes gut ein halbes Jahrtausend lang Wein kultiviert wurde. Erst 1912 wurden die letzten Stöcke gerodet. Heute lassen sich wieder wackere Weinpflanzen vom Süden her mit Sonnenlicht bescheinen, vor rauhem Wetter zusätzlich geschützt durch eine wärmespeichernde Steinmauer, die zur Terrasse eines Lokals gehört.

Bis ins 18. Jahrhundert hinein gab es etliche Weinberge im Berliner Raum. Der Rebgarten, aus dem der heutige Volkspark hervorging, erstreckte sich einst auf einem Terrain von der

Veteranenstraße bis zur Choriner Straße. Die ersten bekannten Besitzer waren adelige Generäle des Großen Kurfürsten. Reichsgraf und Generalleutnant Ernst Jürge von Sparr erwarb das Gelände 1666. Bald darauf wurde sein Vetter, Generalfeldmarschall Otto Christoph von Sparr, Eigentümer. Er errichtete ein kleines Belvedere und eine Meierei zwischen den Weinstöcken, die damals noch fern der Stadt lagen.

100 Jahre später wurde der königliche Hoflieferant Carl Friedrich Mollard Besitzer. Ihm wurde gestattet, auf dem Areal eine Kaffeewirtschaft zu betreiben – zu Zeiten Friedrichs des Großen ein außerordentliches Privileg. Damit vollzog sich allmählich der Wandel vom Agrargebiet zu einem Ausflugsziel der Berliner. Ohnehin hatte der strenge Winter des Jahres 1740 dem Weinanbau schweren Schaden zugefügt. Mollard setzte daher – wie viele seiner Zeitgenossen – auf die Anpflanzung von Maulbeerbäumen zur Zucht von Seidenraupen.

Als der Hang 1801 in den Besitz der Familie Wollank gelangte, avancierte „Wollanks Weinberg" zu einer attraktiven Adresse der Residenzstadt. Im Kaffeegarten fanden im Sommer öffentliche Konzerte statt, die sehr beliebt waren. Die Wollanks gehörten zum Establishment der preußischen Hauptstadt und besaßen zahlreiche Ländereien im Norden Berlins und in Pankow. 1875 baute die Familie am Weinbergsweg eine Villa, die 20 Jahre später Sitz der Familienstiftung wurde. Das östliche Areal des Weinbergs wurde in Parzellen aufgeteilt und bebaut.

Am Weinbergsweg 13, Ecke Fehrbelliner Straße, stand seit 1870 das vom Ehepaar Reichenheim gestiftete Waisenhaus der Jüdischen Gemeinde.

Während der Weinberg immer mehr Boden an die wachsende Großstadt verlor, blieb an der Wollank'schen Villa ein größerer Garten bestehen. Aus ihm entwickelte sich im 20. Jahrhundert der heutige Park. Der Garten wurde zunächst an die Stadt verpachtet und ab 1936 als öffentliche Anlage genutzt.

Diese Grünanlage erhielt durch die Zerstörungen im Zweiten Weltkrieg im Umkreis des alten Gartens mehr Gelände. Nach einem Entwurf des Gartenarchitekten Helmut Kruse wurde 1954–56 auf dem traditionsreichen Hang der heutige Volkspark errichtet, der bis zur Brunnen- und Veteranenstraße reicht.

Das rund vier Hektar große Areal staffelt sich, dem Gefälle des Geländes entsprechend, in verschiedene Zonen. Auf der oberen Ebene an der Fehrbelliner Straße befindet sich ein großer Spielplatz, eine Ebene tiefer folgt der Rosengarten. An diesen architektonisch arrangierten Bereich grenzt die große landschaftlich gestaltete Liegewiese, die an den Rändern von Staudengärten eingefasst wird. An der tiefsten Stelle des Parks nahe der Brunnenstraße liegt ein künstlicher Teich. Die bauliche Ausstattung des Parks – stützende und rahmende Mauern, Treppen, Pergolen, Wege und das Caféhaus mit Terrasse im Zentrum – stammt aus der Entstehungszeit.

Der Teich war ursprünglich als Planschbecken für Kinder gedacht und wurde in den Anfangsjahren auch als solches genutzt. Heute ist das von einem schmalen Plattenweg umgebene flache Bassin zum Baden nicht mehr geeignet. Seerosen zieren den Teich, der im Stil der 1950er Jahre nierenförmig angelegt wurde. Besonders schön anzusehen ist eine Korkenzieherweide am Ufer. Den nahen Weg neben der Brunnenstraße säumen Zierkirschen.

An der Ecke zur Veteranenstraße steht ein Denkmal für Heinrich Heine (1797–1856), das zum 100. Todestag des Dichters enthüllt wurde. Die Bronzefigur des Bildhauers Waldemar Grzimek zeigt Heine in sitzender Haltung.

Entlang der Veteranenstraße erstreckt sich ein großer Staudengarten mit leuchtenden Farbtupfern in quadratischen Beeten, in denen auch Sommerflieder wächst. Dessen gärtnerisches Pendant liegt zwischen Teich und Weinbergsweg. Die Beete mit Blumen (u.a. Hortensien), Gräsern und Sträuchern sind sehr abwechslungsreich gepflanzt. Im ansteigenden Bereich nahe dem Weinbergsweg stößt man auf einen kleinen blauen Wasserspielplatz mit geometrisch geformten Wasserspeiern.

Es folgt der Rosengarten mit Rosen- und Lavendelbeeten auf einer großzügigen, mit Hundsrosen umpflanzten Terrasse. Vor der Stützmauer aus grob gehauenem rotem Gestein, die die gesamte Breite des Parks einnimmt, stehen Pergolen. Ein Relief in der Mauer stellt die Geschichte des Weinbergs dar. Hier befindet sich ein kleiner Ausschank („Rosengarten") mit Stühlen auf der Terrasse.

Über Treppen geht es hinauf zum Spielplatz an der Fehrbelliner Straße.

Die Spielplatzebene ist riesig und mit vielen schönen Geräten ausgestattet; dazu gibt es einen Bolzplatz und Tischtennisplatten. Nebenan und doch etwas abseits des Kindergeschreis bietet ein Terrain vor den Brandmauern alter Mietshäuser Eltern und Älteren zur Entspannung Bänke unter einer Pergola. In der Ferne ist von hier aus der Fernsehturm zu sehen. Auch Schachbrett-Tische sind vorhanden. Die aufwendige Gestaltung des Spielplatzes zeigt, welchen hohen Stellenwert Kinder im Quartier am Zionskirchplatz genießen.

Im Zentrum des Parks befindet sich die Attraktion der Erwachsenenwelt. Das Café-Restaurant „Nola's am Weinberg" verfügt über eine großzügige Sommerterrasse, von der man einen freien Blick auf die Liegewiese hat. Die locker mit Bäumen bestandene Wiese erstreckt sich bis zum Teich. Vor der Stützmauer der geschwungenen Caféterrasse wurden im Jahr 2008 die genannten Rebstöcke angepflanzt.

Brunnenstraße, Veteranenstraße, Weinbergsweg, 10119 Berlin
Helmut Kruse 1954–56
Nola's am Weinberg: Tgl. 10–1 Uhr; Tel: 44 04 07 66; www.nola.de

▷ U Rosenthaler Platz, Tram M1, 12

Gutspark Britz

Der Gutspark im Dorfkern von Britz ist ein erstklassiges Gartendenkmal der Kaiserzeit mit musealem Charakter, in dem eine Robinie Geschichte schrieb.

Robinien genießen bei Berlins Naturschützern hohen Stellenwert. Wo der Laubbaum ohne menschliches Zutun Wurzeln geschlagen hat, ist er unantastbar. Dabei hätte „Robinia pseudacacia“, im Volksmund auch Akazie genannt, diese Unterstützung gar nicht nötig: Seit gut 400 Jahren erobert der Baum, der ursprünglich aus Nordamerika stammt, erfolgreich das europäische Festland und verdrängt die angestammte Vegetation. Dieser Siegeszug ist seiner Robustheit, Genügsamkeit und vor allem seiner Fähigkeit, sich über Wurzelsprösslinge fortzupflanzen, zu verdanken.

Eine der ersten Robinien Deutschlands wurde um 1719 auf dem Gut Britz angepflanzt. Als ältester Baum seiner Art in Norddeutschland galt der betagte Riese, als er 1952 gefällt werden musste. An seiner Stelle gedeiht nun eine neugepflanzte Robinie als Reverenz an den Pionier der heimisch gewordenen Baumart.

Ein weiterer Exot aus der Epoche des Soldatenkönigs Friedrich Wilhelm I. (1713–40) hat überlebt und ist in all seiner Pracht und Fülle im Gutspark zu bewundern: ein imposanter, gut 40 Meter hoher und 280 Jahre alter Ginkgobaum. Auch dieser Britzer Baum gehört zu den ersten seiner Art in Deutschland – Heimat der Ginkgos ist China.

Nicht nur wegen seiner prominenten Gewächse nimmt der Gutspark Britz eine herausragende Stellung innerhalb der Berliner Grünanlagen ein: Mit Herrenhaus (gemeinhin als „Schloss Britz“ bezeichnet) und Gutshof ist das Ensemble ein in Berlin und Brandenburg nur noch selten zu findendes Zeugnis märkischer Adelskultur. Der zwischen 1985 und 1988 restaurierte, denkmalgeschützte Parkbereich ist in einem hervorragenden Zustand und ein Paradestück heimischer Gartenkunst.

Teile des Parks stammen aus dem 18. Jahrhundert, als zwei führende Beamte des preußischen Hofstaates Gutsbesitzer waren. Heinrich Rüdiger von Ilgen (1654–1728), Minister des ersten Königs in Preußen, hatte das Gut 1719 erworben. Durch Verkauf und Erbschaft gelangte das Anwesen 1753 in die Hände von Ewald Friedrich Graf von Hertzberg (1725–95), Staatsminister Friedrichs des Großen. Aus der Periode der beiden Aristokraten ist die mittlere Lindenallee im Garten erhalten, die auf den Hintereingang des Herrenhauses zuläuft. Die streng axiale Ausrichtung des Gartens ist typisch für barocke Parkgestaltungen. Eine weitere Allee, die noch als Torso erkennbar ist, stammt aus dieser Zeit.

Insgesamt spiegelt das Erscheinungsbild des Gutes jedoch den Geschmack der Gründerzeit wider. Eindrucksvoll und in Berlin einzigartig ist der schmuckvolle Vorgarten des Herrenhauses, das von 1880 bis 1883 von Carl Ferdinand Busse (1802–68) im Stil des Historismus umgebaut wurde. Die geschwungene Vorfahrt wird von in Kugelform geschnittenen

Rotdornbäumen gesäumt, zwischen denen festlich wirkende Festons hängen.

Der damalige Besitzer des Gutes, der Fabrikant Wilhelm August Julius Wrede (1822–95), hatte den Garteninspektor Wilhelm Nahlop beauftragt, den Park zeitgemäß zu gestalten. Dieser veränderte ab 1890 das Wegenetz, fügte neue Pflanzen hinzu und schuf dekorative Teppichbeete. Zudem staffierte er die Anlage mit tropischen Pflanzen aus. Zwischen die barocke Lindenallee und die Terrasse setzte Nahlop einen runden Brunnen.

Darüber hinaus wurde das ursprüngliche Areal um einen Landschaftspark erweitert, der separat vom Ursprungsgarten jederzeit frei zugänglich ist. In diesem Bereich ist ein Spielplatz zu finden. Ein Rosengarten von 1963 (Anton Lohrer) bildet den Übergang zur Straße Alt-Britz.

Im eingefriedeten Gartendenkmal steht seit 1998 die poetische Brunnenfigur „Milchmädchen". Sie ist ein Bronzeabguss der Originalskulptur „Laitière", die 1816 von Pawel Sokolow für die Sommerresidenz des Zaren in St. Petersburg geschaffen wurde (vgl. S. 39).

Die Büste des ehemaligen Gutsbesitzers Rüdiger von Ilgen, zu sehen an der Rückseite des Herrenhauses, ist ebenfalls eine Kopie. Das Originalwerk schuf Rudolf Siemering im Jahre 1900 für die Siegesallee im Tiergarten.

Das Gut wurde 1924 an die Stadt verkauft und nach dem Zweiten Weltkrieg bis 1985 als Kinderheim genutzt.

Gegenüber der Vorderfront des Herrenhauses liegt der Britzer Kirchteich, der dem Anwesen eine malerische Note gibt.

Der an Park und Palais grenzende Gutshof mit seinen historischen Wirtschaftsgebäuden aus Backstein (erbaut von 1840 bis 1875) wurde zu einem attraktiven Kulturzentrum des Bezirkes Neukölln ausgebaut. Einen ehemaligen Stall nutzt das Museum Neukölln. Daneben entstand eine überdachte Freilichtbühne. Das „Schweizerhaus" dient als Restaurant.

Vorbildlich restauriert wurden ferner die Schmiede mit markantem Turm und die Spiritusdampfbrennerei (erkennbar am hohen Schornstein).

Nicht allein Kultur und Kulinarisches in landwirtschaftlicher Atmosphäre bietet der Gutshof, er fungiert ebenso als Freilichtmuseum für die Geschichte des heimischen Landbaus. Auf einem 1,3 Hektar großen Gelände sind regionaltypische Nutztiere zu sehen, die in der gegenwärtigen Agrarindustrie keine Rolle mehr spielen, in früheren Tagen jedoch unentbehrlich waren. Zu den verdrängten Haustierrassen gehören das sogenannte Pommernschaf, die Pommerngans und die deutsche Hausziege. Auf den Koppeln und einer Wiese weiden ferner robuste Kaltblutpferde, altdeutsche Schwarzbunte Rinder und das Rind namens Rotes Höhenvieh.

Eine neu gepflanzte Allee aus Maulbeerbäumen, die zur Parchimer Allee führt, schlägt einen Bogen zurück zur barocken Epoche des Gutes Britz. Weiße Maulbeerbäume, aus China, aus der Mandschurei und aus Korea stammend, wurden vor 300 Jahren in Preußen zur Seidenraupenzucht kultiviert. Besonders gefördert wurde der „Seidenanbau" durch Friedrich den Großen (1712–86), und so wundert es nicht, dass sein Minister Graf von Hertzberg den ökonomischen Zielen des Königs folgte und ab 1765 mehr als 1000 Weiße Maulbeerbäume in Britz anpflanzte. Bald konnte Seide von Britzer Raupen für Kleidung, Möbelbespannungen und die damals am Hof so beliebten Tapeten verarbeitet werden.

Alt-Britz 73, 12359 Berlin; www.schlossbritz.de
1719; Wilhelm Nahlop 1890; Büro Gischow & Partner 1985–88
Gartendenkmal: März–Sept. 6.30–21 Uhr, Okt.–Feb. 8–18 Uhr
Museum: Di–So 11–18 Uhr

▷ U Parchimer Allee, Bus M46

Gutspark Marienfelde

Der Besuch des Gutsparks Marienfelde ist eine Reise in die Vergangenheit. Gemeinsam mit dem direkt angrenzenden Dorfanger verströmt der Ort nostalgischen Charme: als sei vor 100 Jahren die Zeit stehen geblieben. Die beiden unter Denkmalschutz stehenden Grünanlagen gehen nahtlos ineinander über und wurden 1983 rekonstruiert.

Nicht nur die dörfliche Atmosphäre rund um den Anger ist für großstadtmüde Berliner wohltuend. Es weht einem sogar „frische Landluft“ eines kleinen Bauernhofes um die Nase. Hauptattraktion des beschaulichen Fleckens ist die rund 800 Jahre alte Dorfkirche. Sie zählt zu den ältesten Kirchen Berlins. Marienfelde gehörte zu den mittelalterlichen Dorfgründungen des Templerordens und kam 1312 in den Besitz der Johanniter.

Zu Beginn des 19. Jahrhunderts wurden sechs der ortsansässigen Bauernhöfe zu einem Gut zusammengelegt, das im Volksmund „Rittergut“ genannt wurde. 1844 kam es in den Besitz des Ökonomen Adolf Kiepert (1820–92), des Bruders des bekannten Kartographen Heinrich Kiepert. Adolf Kiepert, Kommunalpolitiker und Gründer der Deutschen Landwirtschafts-Gesellschaft, machte aus dem Gut einen prosperierenden Agrarbetrieb. Durch ihn erlebte auch das damals rückständige Bauerndorf einen Aufschwung.

Später kamen die ortansässigen Landwirte durch den Verkauf ihrer Äcker an die rasch wachsende Stadt Berlin zu Vermögen. Die um 1900 neben dem Gutshaus errichteten stattlichen Villen der „Millionenbauern" zeugen davon. Von den Folgen des Fortschritts, dem Bauboom der Gründerzeit und den umliegenden Industrieansiedlungen, blieb der Ortskern von Marienfelde jedoch bis in die Gegenwart verschont. Um seinen einmaligen Charakter zu bewahren, wurde der Durchgangsverkehr umgeleitet.

Kiepert baute das Gutshaus und den Park so aus, wie wir sie heute vorfinden. In beiden Fällen ist nicht bekannt, wer die Entwürfe anfertigte. Das ursprünglich bescheidene Bauernhaus verwandelte sich 1859 in das prächtige Herrenhaus mit dem markanten dreigeschossigen Turm (Alt-Marienfelde 17–21). Am Ostgiebel wurden eine Loggia und ein Erker angebaut. Vor der Loggia liegt ein kleiner Ziergarten mit Springbrunnen, weißen Parkbänken und Skulpturen. Die Blumenbeete sind im dekorativ-verschnörkelten Stil der Gründerzeit angelegt und kunstvoll mit Buchsbaum eingefasst. Im Zuge der Restaurierung wurden Kopien der antikisierenden Originalstatuen „Diana von Gabii" und „Marmor Faun" aufgestellt. Der kleine Garten war ursprünglich durch eine Mauer gegen die Straße abgeschirmt.

Vom intimen hausnahen Gartenbereich erstreckt sich der große Gutspark rund fünf Hektar in Richtung Osten. Meist geht es hier sehr ruhig zu. Eine majestätische Rotbuche beherrscht die offene Wiesenfläche des landschaftlich gestalteten Bereichs, der in einen dichten Laubwald aus heimischem Gehölz übergeht. Die waldartige Zone ist bereits auf einer Karte von

1822 abgebildet. Der Park wurde von 1864 bis 1876 gestaltet, wobei außerhalb des Waldes landwirtschaftlich genutzte Flächen umgewidmet wurden. Nach Vorbild eines Englischen Gartens sind die Wege des Parks in geschwungener Linienführung angelegt.

Die Familie Kiepert verkaufte das Gut 1929 an die Stadt Berlin. 1936 wurde aus dem herrschaftlichen Park eine öffentliche Grünanlage, die zu diesem Zweck leicht verändert wurde. Den Ansprüchen der Gegenwart entsprechend, befindet sich heute direkt neben den historischen Wirtschaftsgebäuden, hinter Büschen verborgen, ein Spielplatz. Der ehemalige Gutshof wird vom Bundesinstitut für Risikoforschung genutzt. Dessen repräsentative Vorfahrt mit hochgewachsenen Linden bildet zugleich die östliche Spitze des Marienfelder Dorfangers.

Der Anger – auch Dorfaue genannt – ist eine lanzettförmig langgestreckte Fläche mit altem Baumbestand, die beidseitig von den Dorfstraßen umschlossen wird. Als die städtische Gartendenkmalpflege die historisch wertvollen Grünanlagen 1983 durch die Landschaftsarchitekten Gischow & Partner restaurieren ließ, wurden zwei zugeschüttete Teiche wiederbelebt: der einstige Feuerlöschteich zwischen Gutshaus und Dorfkirche und der Kirchteich an der westlichen Spitze des Angers, der einst als Viehtränke verwendet wurde. Der Löschteich, vor 100 Jahren ein schmuckloses Wasserreservoir zur Bekämpfung möglicher Feuerbrünste, ist heute ein kleines, von Wasserpflanzen umgebenes Feuchtbiotop. Im Frühjahr leuchtet dort gelb die Sumpfschwertlilie.

In der Mitte des Angers steht die Dorfkirche, ein architektonisches Kleinod aus dem Mittelalter. Zwischen 1220 und 1240 wurde sie aus Feldsteinquadern errichtet. Damit zählt sie zu den ältesten Gotteshäusern Berlins. Der dominante, mächtige Westturm und dessen querliegendes Satteldach machen die Marienfelder Kirche zu einem typischen Beispiel für die spätromanischen Dorfkirchen der Mark Brandenburg. Die Wetterfahne trägt das Datum 1595. Das Gemäuer ist ein Rückzugsort für Fledermäuse und bietet Turmfalken die Möglichkeit zu nisten.

Wer sich im idyllischen Ortskern stärken möchte, hat die Wahl zwischen den Lokalen „Alte Dorfaue“ (Alt-Marienfelde 41) und „Zur grünen Linde“ (Alt-Marienfelde 28).

Vom Gutspark ist auch ein längerer Ausflug zu einer weiteren Grünanlage möglich. Auf der gegenüberliegenden Seite des Nahmitzer Damms liegt der Freseteich, an dem der Weg zum weitläufigen Freizeitpark Marienfelde vorüberführt.

Der Freizeitpark Marienfelde entstand in den 1980er Jahren zu einem Teil auf einer ehemaligen Abfalldeponie am Südrand der Stadtgrenze. Der begrünte Müllberg erreicht eine Höhe von gut 80 Meter und besitzt eine 200 Meter lange Rodelbahn. Der naturnah gestaltete Park am Diedersdorfer Weg ist ein Beispiel für die Renaturierung ehemaliger Anlagen der Industriegesellschaft.

Alt-Marienfelde 17–21, 12277 Berlin
1864–76; Büro Gischow & Partner 1983

▷ S Buckower Chaussee und Bus M11

Bürgerpark Pankow

Den Bürgerpark Pankow besuchen besonders gerne junge Familien mit Kindern, bietet er doch schöne Wiesen und einen attraktiven Spielbereich. Aber auch Senioren schätzen den Park am Lauf der Panke, insbesondere wegen des gepflegten Rosengartens.

Den volksnahen Namen des Parks im Kopf, überrascht das aristokratisch-prunkvolle Entree an der Wilhelm-Kuhr-Straße. Mit dem prachtvollen Portal in Form eines italienischen Triumphbogens besitzt die Grünanlage den imposantesten Zugang aller öffentlichen Parks in Berlin. Das architektonisch aufwendige Bauwerk wurde 1860 errichtet und betont die mittlere Durchfahrt durch einen von Säulen getragenen Rundbogen. Auf der Attika stehen allegorische Skulpturen, Putten und Vasen. Beeindruckend ist auch das große schmiedeeiserne Torgitter.

Dem Portal folgt ein ebenso repräsentativer Platz mit einem festlich gestalteten Blumenbeet in der Mitte und einem

Springbrunnen als Abschluss. Hinter dem gärtnerischen Empfangssalon erstreckt sich eine weitläufige Wiese.

Nach diesem großartigen Auftakt erwartet der Spaziergänger zu Recht weitere herrschaftliche Bauten. Er hat das ehemalige Anwesen des Barons Hermann Theodor Killisch von Horn (1821–86) betreten, eines erfolgreichen Unternehmers der Gründerzeit. 1854 erwarb der Begründer der „Berliner Börsen-Zeitung“ ein bewaldetes Areal mit Kiesgrube an der Panke westlich des Ortskerns von Pankow. Der Baron ließ sich dort ein Herrenhaus im Stil der Neorenaissance bauen und beauftragte seinen Obergärtner Wilhelm Perring (1838–1907) mit der Gestaltung eines Parks. Perring kombinierte schmuckvoll-repräsentative Elemente mit einer weiträumigen Landschaft im englischen Stil. Aus jener Zeit haben sich zahlreiche Bäume bis heute erhalten, etwa eine riesige Linde auf der großen Wiese oder eine Sumpfzypresse, die zum Naturdenkmal erklärt wurde. Raritäten wie Zuckerahorn, Esskastanien, eine Amerikanische Roteiche sowie die exotischen Tulpenbäume gehören ebenso zum artenreichen Baumbestand des Bürgerparks.

Das Anwesen des Barons war einst mit Marmorplastiken geschmückt und besaß eine Meierei, ein Palmenhaus sowie eine Fasanerie. Nach dem Tod des adeligen Besitzers im Jahr 1886 öffnete man das private Reich zeitweilig für die Bevölkerung. Der Zeitungsverleger wurde direkt neben seinem Domizil in einem Mausoleum auf dem Pankower Gemeindefriedhof bestattet, der an der Kreuzstraße kurz vor dem Eingangsportal liegt.

Um die einzigartige Gartenanlage vor dem Zugriff der landhungrigen Immobilienbranche zu schützen, setzte sich der Pankower Bürgermeister Wilhelm Kuhr dafür ein, das Grundstück für die öffentliche Hand zu sichern. 1907 war er am Ziel: Das Anwesen konnte als Bürgerpark dem Publikum übergeben werden. Noch heute trägt es zum grünen Charakter Pankows bei.

Im Zuge der Umwidmung wurde das Herrenhaus in ein Gartenrestaurant samt Musikpavillon umgewandelt. Im hinteren, südwestlichen Bereich des Parks wurden 1910 zwei Hügel durch eine Brücke über einem Goldfischteich verbunden. Nach dem Zweiten Weltkrieg entstand anstelle des trockengelegten Gewässers ein Tiergehege, in dem heute Bergziegen unter Nadelbäumen zu sehen sind. Abgesehen vom Musikpavillon, überlebte keiner der zahlreichen Bauten im Park die Zerstörungen im Zweiten Weltkrieg. Glücklicherweise blieben aber die prachtvollen Bäume von wilden Rodungen während der Nachkriegswinter verschont – sie wurden eigens bewacht.

Der Weg zum Musikpavillon, einem hübschen Kleinod mit Rosengarten, führt vom Entree über neobarock angelegte Alleen. Nach einem kleinen Rondell, von dem sternförmig mehrere Wege abgehen, erreicht man die schnurgerade Lindenallee Richtung Pavillon. Das loggienartige Gebäude, errichtet um 1860, ist heute wie gestern ein Ort der Musik. Im Mai findet beispielsweise an einem Wochenende das Festival „Jazz im Park“ statt. Vor dem Pavillon, der von zwei Sandstein-Pergolen mit Kletterrosen flankiert wird, liegt der attraktive Rosengarten. Seitlich der großen Halbkreisbeete mit Beet-, Strauch- und Minirosen steht jeweils ein kleiner Springbrunnen.

Auf der gegenüberliegenden Seite der reizvollen Anlage befindet sich das Kaffeehaus „Rosenstein“ mit Biergarten.

Der Musikpavillon südlich der Panke markierte einst die Grenze des Horn'schen Anwesens. Als der verwüstete Bürgerpark von 1964 bis 1968 wiederhergestellt wurde, riss man die Einfriedung ab und fügte dem kommunalen Grün das nördlich der Panke angrenzende Gelände hinzu. Dieser Bereich an der Cottastraße hat einen anderen Charakter als der gärtnerisch durchgestaltete Urpark: Der Grünzug aus einer Wiese mit lockerem Baumbestand – überwiegend Kiefern – erinnert an eine märkische Landschaft. Am Eingang zur Heinrich-Mann-Straße befindet sich ein Monument aus fünf Betonstelen vom Künstler Zdeněk Němeček, das seit 1975 an den 1943 in Plötzensee ermordeten tschechischen Schriftsteller Julius Fučík erinnert.

Aus der DDR-Zeit stammen weitere Skulpturen und Plastiken im Bürgerpark. Dazu zählen Denkmale für Heinrich Mann (von Kurt Seitz, 1954) und Johannes R. Becher (von Fritz Cremer, 1960) sowie die Skulpturen „Spielende Knaben“ (von Gerhard Rommer, 1970) und „Vegetative Landschaft“ (von Friedrich B. Henkel, 1987). Besonderer Zuneigung erfreut sich die „Bronzene Gazelle“ von Walter Sutkowski aus dem Jahre 1958, die auf einer Wiese nahe dem Hauptportal steht. Wie populär sie ist, erkennt man nicht zuletzt an den blankgeriebenen Hörnern.

Im Zuge der Wiederherstellung in den 1960er Jahren wurden einige Stellen des Parks nach Entwürfen von Erwin Stein verändert. Der Rosengarten gehört ebenso zu den Neuerungen jener Zeit wie der Springbrunnen am Hauptportal.

Bis 1989 reichte der rund zwölf Hektar große Bürgerpark bis an die Berliner Mauer. Drei Jahre später konnte zusätzlich der ehemals grenznahe Bereich an der Straße Am Bürgerpark umfassend begrünt werden. Die jüngste Anlage ist vor allem den Heranwachsenden gewidmet, überrascht jedoch durch ihre anspruchsvolle Gestaltung. Die Lindenallee, die am Musikpavillon vorbeiläuft, führt zu diesem Areal.

Den großen Spielplatz umrahmen Pergolen, auf denen Wilder Wein wächst. Zur Panke hin liegen kunterbunte Staudenbeete mit Rotdorn. Zwischen dem Spielplatz und dem alten Parkbereich erstreckt sich eine große Spielwiese.

Am Übergang zum historischen Parkbereich liegt ein alter Wirtschafthof, wo Volièren zu finden sind.

Wilhelm-Kuhr-, Heinrich-Mann-, Cottastraße, Am Bürgerpark, 13156 Berlin
Wilhelm Perring um 1860; Erwin Stein 1964–68
Café Rosenstein: Sommers tgl. ab 10 Uhr; Tel. 43 73 88 28; rosenstein-berlin.de

▷ S Wollankstraße, S/U Pankow und Tram M1

Schlosspark Biesdorf

Der Schlosspark Biesdorf ist ein Ort für die anspruchsvolleren Freunde kultivierter Grünanlagen.

Was für Meisterköche ein Michelin-Stern, ist für Gärtner öffentlicher Grünanlagen der „Green Flag Award“: eine begehrte Anerkennung herausragender Leistungen. Die vergebende Institution hat ihren Sitz in Großbritannien, der Heimat des Landschaftsgartens, und bewertet nach strengen Kriterien das Grün in europäischen Städten. Im Jahr 2010 erhielt der Schlosspark Biesdorf diese Auszeichnung. „Hier sind Sie sicher, der Park ist gepflegt und gut geführt“, hieß die Begründung.

Die Prämierung des am Ende des 19. Jahrhunderts im englischen Stil angelegten Park ist mehr als verdient. Der Ort ist ein Juwel unter den Berliner Parks, mit einer wundervollen Atmosphäre, fast menschenleer, *very british* und picobello.

Kaum zu glauben, dass in diesem exzellenten Denkmal der Gartenkunst einst deutsche Eisenbahngeschichte geschrieben wurde: Industriebaron Werner von Siemens (1816–92) ließ auf einer Versuchsstrecke unter der Lindenallee seines privaten Anwesens in Biesdorf Prototypen elektrischer Eisenbahnzüge testen und Probe fahren. Der Gründer des weltbekannten Elektrounternehmens hatte das Gut an der Biesdorfer Dorfaue 1887 erworben.

Die heute denkmalgeschützte Villa, die etwas hochtrabend als „Biesdorfer Schloss“ bezeichnet wird und von der sich der klangvolle Name Schlosspark ableitet, war 1868 noch unter dem Vorbesitzer Hans Hermann von Rüxleben errichtet worden. Architekt des spätklassizistischen Bauwerkes war Heino Schmieden (1835–1913), ein Mitarbeiter des bedeutenden Architekten Martin Gropius, der auch Berliner Bahnhöfe entwarf.

Von Siemens ließ das Gebäude mit den repräsentativen Loggien sanieren. So wie der umliegende Garten wurde auch die Villa für technische Experimente genutzt: Vom Podest des hohen achteckigen Turmes erprobte man die drahtlose Telegrafie. Das zweite Obergeschoss des Gebäudes ging im Zweiten Weltkrieg verloren.

Der Park entstand in seiner heutigen Größe und Gestaltung von 1891 bis 1898. In dieser Zeit erweiterte der Sohn des Firmengründers, Wilhelm von Siemens (1855–1919), das Grundstück auf 14 Hektar. Mit der Neubepflanzung im englischen Stil wurde der Gartenarchitekt und spätere Gartendirektor Berlins Albert Brodersen (1857–1930) beauftragt.

Brodersen schuf auf dem weitläufigen Gelände eine ausgewogene Komposition aus weiten Rasenflächen und dichten Baum- und Strauchgruppen. Das sich daraus ergebende Wechselspiel aus Licht und Schatten ist bezaubernd.

Er arrangierte einzelne Baumarten wie Ahorn, Buche und Eiche zu jeweils sortenreinen Hainen und Rondellen. Im vorderen Teil des Parks befinden sich Gruppen aus Birken und Fichten. Diese Form der Baumpflanzung war bereits ein Gestaltungsmerkmal der Entwürfe von Peter Joseph Lenné

(1789–1866) für den Tiergarten. Weit geschwungene Wege führen im hinteren Parkbereich von Biesdorf durch einen hellen und lichten Bestand aus Kastanien. Dicht gewachsene Bodendecker unter den Sträuchern sprechen für die sorgfältige Pflege des Parks.

Lädt der größte Teil der Anlage zu einem geruhsamen Spaziergang ein, so bietet der Bereich nahe der Villa viel Abwechslung für das Auge. Höhepunkt ist der sehr schöne Fontänenteich mit leuchtenden Seerosen und gelben Sumpfblumen. Ein dem historischen Vorbild nachempfundener Parasol steht oberhalb des Teiches.

Gegenüber dem Teich befindet sich der Eiskeller, der unter einer doppelläufigen Freitreppe verborgen ist. Hinter dem mit Gehölzen eingefassten Eiskeller steht in einem kleinen Hain zur Erinnerung an Werner von Siemens eine Büste des Unternehmers.

Die Lindenallee beginnt an der Westseite der Villa und führt von dort geradeaus nach Norden durch den gesamten Park. An ihr ordnete Brodersen unter anderem einen Rasentennisplatz, eine Kegelbahn und einen Teepavillon an. Wo sich einst die Kegelbahn befand, ist heute das Terrain der (Bezirks-) Gärtnerei. Anstelle des Tennisplatzes wurde ein Lese- und Ruhegarten angelegt, der in seiner simplen Gestaltung außergewöhnlich ist. Am Rande des von einer Hainbuchenhecke umgebenen, geschlossenen Rasenrechtecks stehen weiße Bänke. Wer sich auf ihnen niederlassen möchte, muss das kurzgeschnittene Grün durchschreiten.

Ungewöhnlich ist auch die Konstruktion des Teepavillons gleich neben dem Ruhegarten: Das offene Häuschen besteht aus naturbelassenen Holzstämmen und -ästen. Der urige Pavillon wurde um die Jahrtausendwende rekonstruiert. In Nachbarschaft zu dem kleinen Bauwerk lag einst der Rosen- und Obstgarten, der heute aus zwei üppig bepflanzten Staudenbeeten besteht.

Rund um die Villa, die auf einer kleinen Anhöhe steht, befinden sich schmuckvolle Rosenbeete. Die Vorfahrt vor der Loggia ist durch Rosenbeete mit Spalieren und Rotdornbäume betont. Von hier aus führt die Auffahrt hinunter zur Straße Alt-Biesdorf.

Die Stiftung Ost-West-Begegnungsstätte Schloss Biesdorf e.V. setzt sich seit 2001 für eine denkmalgerechte Restaurierung und den Wiederaufbau des kriegszerstörten Obergeschosses des Gebäudes ein. Seit den 1950er Jahren dient das Gebäude als lokales Kulturzentrum (seit 1979 für den Bezirk Marzahn). Auf dem Programm stehen Ausstellungen, Tanz, ein spezielles Sommerprogramm für Kinder und Konzerte.

Bereits 1919 war die Ära Siemens in Biesdorf zu Ende gegangen, nachdem der letzte Gutseigner aus der Familie verstorben war. Seitdem wurde das Anwesen öffentlich genutzt. Zuerst zog die Polizei in die Villa, 1922 wurde der Park für das Publikum geöffnet. In den letzten Tagen des Zweiten Weltkriegs brannte das Gebäude nieder.

Wichtigste Neuerung der Nachkriegszeit war die Eröffnung einer Freilichtbühne im hinteren Teil des Parks 1956. In der Biesdorfer Parkbühne finden von Mai bis September zahlreiche Konzerte statt.

Einen Spielplatz findet man außerhalb des Schlossparks am nahen Verbindungsweg zum S-Bahnhof Biesdorf.

Alt-Biesdorf 55, 12683 Berlin
Albert Brodersen 1891–98
Tgl. 6–23 Uhr
Stadteilzentrum Biesdorf und Schloss-Café: Mo–Do 9–19 Uhr,
Fr 9–16 Uhr; Tel: 514 37 36; www.biesdorfer-parkbuehne.de

▷ S Biesdorf, U Elsterwerdaer Platz

Gutspark Neukladow

Nahe dem Dorfkern von Kladow im Bezirk Spandau liegt der gartenhistorisch bedeutende Gutspark Neukladow: ein Park mit großer Vergangenheit und großartiger Aussicht auf die Havel am Wannsee – und doch ein wenig besuchter Geheimtipp.

Gegen Ende der Kaiserzeit war das Anwesen ein Treffpunkt berühmter Künstler und einflussreicher Persönlichkeiten. Zum Kreis der Besucher zählten Max Liebermann, Max Slevogt, Gerhart Hauptmann und der Industrielle Walther Rathenau. An diese Tradition knüpft, wenn auch noch zaghaft, das Konzept des heutigen „Kulturparks“ an, in dem während des Sommers kulturelle Veranstaltungen stattfinden.

Mittelpunkt des Gutsparks ist das ehemalige Herrenhaus, in dem sich heute ein Ausflugscafé befindet. Es wurde um 1800 errichtet, der Entwurf stammt aus dem Umkreis des preußischen Baumeisters David Gilly. Bauherr war Ludwig Mencken (1752–1801), Kabinettsrat von König Friedrich Wilhelm III. (1770–1840).

Die glanzvolle Zeit in Kladow begann 100 Jahre später, nachdem das Gut 1887 von dem Industriellen Robert Guthmann, Besitzer der Rüdersdorfer Zementindustrie, erworben worden war. Sein Sohn, der Kunsthistoriker Johannes Guthmann (1876–1956), sorgte für die Umgestaltung des Anwesens und beauftragte damit Paul Schultze-Naumburg (1869–1949).

Der Architekt fügte dem Herrenhaus eine halbkreisförmige Terrasse mit Säulen hinzu, errichtete die Torhäuser am Eingang Neukladower Allee, die Gartenmauer sowie einen Pavillon und ein Naturtheater, die beide nicht mehr existieren. Zwischen 1909 und 1912 verwandelte Schultze-Naumburg das Gut zudem in einen Landschaftspark mit Elementen der Reformgartenkunst. Dabei nutzte er geschickt die malerische Hanglage am Havelufer. In der Senke eines versiegten Havelarms befindet sich der Elsengrund, ein Wiesental, das von hohen Bäumen umgeben ist. Benannt ist die reizvolle Partie nach der Schwester Else von Johannes Guthmann, die 1910 verstarb. Im Elsengrund steht ein Gedenkstein des Bildhauers August Gaul, dessen Tierbronzen einst den Gutspark schmückten.

Heute ist der Gutspark nur noch rudimentär erhalten und wartet auf seine Rekonstruktion. Trotzdem ist der 16 Hektar große Kladower Park ein wunderbarer Ort mit bis zu 200 Jahre alten Bäumen, prachtvollen Alleen aus Platanen und Eichen, einer romantischen Naturwiese mit Streuobst und einmalig schönen Ausblicken auf die Havellandschaft. Die ruhige Atmosphäre wird von Senioren geschätzt. An Wochenenden kommen Ausflügler hinzu.

Neukladower Allee 9–12, 14089 Berlin; www.kulturpark-berlin.de
Paul Schultze-Naumburg 1909–12
Kulturpark Café: Mi–Fr ab 12 Uhr, Sa/So ab 10 Uhr; Tel. 0177/4943419;
www.kulturparkcafe.de

> Bus X34, M34, Fähre Wannsee–Kladow

Lietzenseepark

Picknicken am See, promenieren am Ufer – seine Popularität verdankt der Lietzenseepark seinem Gewässer. Mütter mit ihren Kindern kommen in Scharen wegen der Spielplätze, Senioren trimmen sich an Fitnessgeräten.

Der Lietzenseepark ist nicht nur eine malerische Oase im westlichen Stadtzentrum. Er zeigt auch mustergültig die anspruchsvolle Stadtkultur des Großbürgertums am Ende der Kaiserzeit. In repräsentativer Parkarchitektur entstand die Anlage zwischen 1912 und 1920 – einer Zeit historischer Umbrüche, wegen der es auch zur Unterbrechung des Ausbaus kam. Der Park ist zudem ein Beispiel für das umfangreiche Wirken des Gartenarchitekten Erwin Barth (1880–1933), der ab 1912 erster Gartendirektor der damals noch eigenständigen Stadt Charlottenburg war, bevor er 1926 denselben Posten für Groß-Berlin übernahm. Barth, am Höhepunkt seiner Karriere ein glühender Verfechter der Volksparkidee, machte sich in seiner Charlottenburger Zeit als exzellenter Gestalter grüner

Stadtplätze einen Namen. Für seine Gabe, alltägliche Anforderungen mit schlicht arrangierter Schönheit zu verknüpfen, erhielt er auf der Gartenbauausstellung in Altona 1914 die Goldene Medaille.

Gleich nach Amtsantritt im wohlhabenden Charlottenburg setzte der zuvor in Lübeck tätige Gartenexperte ein Ausrufezeichen, indem er eine große Kaskade für das Südufer des Lietzensees vorschlug. Das Bauwerk ist Ausdruck der Philosophie Barths, praktischen Nutzen möglichst attraktiv zu verpacken. Die Kaskade entstand in erster Linie aus, wie man heute sagen würde, Gründen des Umweltschutzes. Um die Wasserqualität des Lietzensees war es nämlich schlecht bestellt. Über die neue Wassertreppe konnte dem See das dringend nötige sauerstoffreiche Wasser zugeführt werden.

Die Kaskade bettete Barth in ein elegantes Entree zum Park ein, so dass sich der Besucher, der die Treppen vom Dernburgplatz zur Terrasse am Seeufer hinabschreitet, wie ein König fühlen darf. Und da der Gartenkünstler nicht nur ein treffsicheres Gespür dafür hatte, wie sich das Lebensgefühl der Großstädter veredeln ließ, sondern auch ein Kinderfreund war, sollte am Zugang neben der Straße ein Spielplatz entstehen. „Der Jugend zum Spiel, dem Alter zur Ruh', der Stadt zum Schmuck", fasste Barth seine Intentionen für den Park zusammen. Das denkmalgeschützte Schmuckstück mit der Kaskade aus Kunststein, den geschnittenen Platanen am Vorplatz, den gestuften Rasenflächen, den rahmenden Rhododendren und Fliederbüschen wurde 2006 umfassend restauriert. Hainbuchen mit formschönen Kronen – Fastigiata genannt – schirmen das Meisterwerk gegen die angrenzenden wilhelminischen Wohnpaläste ab. Am Ufer befinden sich Bänke unter weißen Pergolen, die ursprünglich vollständig von Kletterpflanzen berankt waren.

Neben der großen Kaskade legte Barth von 1912 bis 1914 auch den Grünbereich am Kuno-Fischer-Platz an. Der einzige öffentliche Zugang am Ostufer des Sees fiel jedoch größtenteils dem Bau eines Verwaltungsgebäudes mit roten Klinkern zum Opfer. Die verschonte und weiterhin zugängliche Liegewiese am Ufer gestaltete Felix Buch von 1928 bis 1930 um.

Es fehlte nicht viel, und der nördlichste See der Grunewald-Seenkette wäre komplett im Häusermeer der Kaiserzeit verschwunden. Um 1900 hatte sich eine Immobilien-Gesellschaft das Ostufer des Lietzensees unter den Nagel gerissen. Zeitgleich wurde die Kantstraße über den See hinweg nach Westen verlängert. Der dafür aufgeschüttete Damm teilt seitdem das sichelförmige Gewässer in zwei Hälften. Bevor der See ganz zum Opfer der landhungrigen Baubranche wurde, erwarb die Stadt Charlottenburg 1912 ein rund zehn Hektar großes Grüngelände am West- und Nordufer, das sich um die Jahrhundertwende in einem beklagenswerten Zustand befand.

Begonnen hatte die Geschichte des Parks mit dem preußischen General Job von Witzleben (1783–1837): Der Kriegsminister Friedrich Wilhelms III. (1770–1840) hatte den See südlich des Charlottenburger Schlosses für sich entdeckt und dort Land gekauft. Auf seinem großen Grundstück baute er sich ein Landhaus und ließ ab 1824, vermutlich nach einem Plan von Peter Joseph Lenné (1789–1866), einen parkartigen Garten anlegen. Nach dem Tod des Generals erhielt sein Anwesen den Namen „Witzleben-Park“ – eine Bezeichnung, die auch nach dem Zweiten Weltkrieg noch für den Lietzenseepark verwendet wurde.

1837 erwarb der Naturforscher Ferdinand Deppe (1794 bis 1861) den Grundbesitz Witzlebens. Der weitgereiste Eigentümer soll ausländische Gehölze angepflanzt und einen Rosengarten angelegt haben. Seine beachtenswerte Grünanlage öffnete er für Besucher. Als die glanzvollen Tage des Parks gegen Ende des 19. Jahrhunderts zu Ende gingen, blieb dieser trotz – oder gerade wegen – der einsetzenden Verwilderung ein beliebtes Ausflugsziel.

Zeugen dieser Epoche sind die alten Platanen mit mächtigem Stamm, denen man begegnet, nachdem man die Kaskade verlassen hat. Trauerweiden säumen malerisch das flache Seeufer, Bergahorn und Sumpfzypressen stehen auf der breiten, ebenen Wiese. Von der Herbartstraße oberhalb des Hanges klingt Kindergeschrei: Dort befindet sich heute der Spielplatz, den Erwin Barth vorgesehen hatte. An der Uferpromenade stößt man auf die Bronzefigur „Sandalen lösender Knabe" von Fritz Röll (1879–1956), die 1962 hier aufgestellt wurde. Schattige Sitzplätze mit immergrünen Büschen setzen Akzente.

Vom südlichen zum nördlichen Parkbereich führt der Weg über einen Steg im Wassertunnel unter dem Damm der Neuen Kantstraße. Die schmale Verbindung entstand erst ein halbes Jahrhundert nach der Teilung des Sees. Vorher war man gezwungen, über die Straße zu laufen.

Im nördlichen Teil wechseln sich Areale für Aktivitäten und schmückende Gartenkunst ab. Gleich neben dem Zugang von der Neuen Kantstraße befindet sich ein kleiner Fußballplatz. In der Mitte eines runden Ruheplatzes steht die Bronzeplastik „Speerträger" von Bernhard Bleeker von 1940. Erwähnenswert ist das Gefallenendenkmal des Königin-Elisabeth-Garde-Grenadier-Regiments Nr. 3, das der Architekt Eugen Schmohl 1925 schuf. Es steht am Hang unterhalb der Wundtstraße.

Von der Wundtstraße führt eine attraktive Promenade zum Seeufer, die von Staudenbeeten gesäumt ist und an einem halbrunden Ruheplatz mit Bänken endet.

Ein großer Spielplatz nimmt das flache Terrain daneben ein. Platanen sorgen für Schatten. Zwischen Spielplatz und Hang entstand 1924/25 das Parkwächterhaus im ländlichen Stil. Heute befinden sich in dem romantischen Häuschen ein Imbiss und Toiletten. An der Rückfront blühen von Juli bis August prachtvolle Hortensien.

In Verlängerung der Sophie-Charlotten-Straße liegt die sogenannte Kleine Kaskade. Die ebenfalls von Erwin Barth geplante

Anlage besteht aus einem runden Brunnen im Hang, dem ein eckiges Fontänenbecken vorgelagert ist. Umgeben ist die Anlage von Eiben. Die Kleine Kaskade hatte Barth als Planschbecken für Kinder vorgesehen. Wegen möglicher Glasscherben am Grund sollten Kinder in dem flachen Fontänenbecken jedoch besser nicht herumtollen. Als feines Rinnsal, eingebettet in eine üppige Blütenpracht, fließt das Wasser aus den Becken geradewegs in Richtung See.

Der variantenreich bepflanzte Staudengarten wird von zwei bogenförmigen Laubengängen gerahmt, die mit Kletterrosen und Clematis überwuchert sind. Damit dieses farbenprächtige Kleinod der Gartenkunst den Spaziergängern ungetrübte Freude bereiten kann, setzt sich der Verein Bürger für den Lietzensee e.V. seit 2002 für Pflege und Erhalt des städtischen Parks ein.

Nach diesem Fest für das Auge kann man etwas für die körperliche Fitness zu tun: Moderne Gymnastikgeräte stehen auf der Liegewiese direkt neben der Kleinen Kaskade – ein Angebot, wie es in Parkanlagen anderer Länder üblich ist. Im Lietzenseepark ist dieser Bereich auch als Senioren-Treffpunkt ausgewiesen.

Wer sich eher den kulinarischen Genüssen hingeben möchte, der ist im „Bootshaus Stella“ bestens aufgehoben. Das Café in einem hölzernen Haus direkt am Nordufer bietet einen wunderbaren Blick von der Terrasse über den See zum Funkturm. Etwas oberhalb, an der Witzlebenstraße, befindet sich ein weiterer kleiner Spielplatz.

Im Jahr 2011 wurde der von Barth im Jugendstil repräsentativ gestaltete Parkbereich zwischen Witzlebenplatz (Ecke Kaiserdamm) und Seeufer rekonstruiert. Eine im Grundriss ovale Rasenfläche fällt sanft vom höher gelegenen Vorplatz zum Lietzensee hinab. An den Langseiten der geometrischen Freifläche verlaufen Wege mit zahlreichen Bänken, Laubbäume begrenzen das Gelände. Hainbuchen wurden als Einfassung und Betonung der Wege neu gepflanzt. An den Schnittstellen zur unteren Uferpromenade akzentuieren Gruppen von Pyramidenpappeln die Endpunkte der Wiese. Die beiden runden Plätze dort sind von Rotdorn umstellt. Erlen stehen am Ufer.

Der Parkzugang am Kaiserdamm ist mit kurzgeschnittenen Platanen geschmückt. Gleich daneben befinden sich auf einem abgesperrten Bereich der Wundtstraße Basketball- und Hockeyplätze. Eine kleine Grünfläche zwischen der Spielstraße und dem breiten Kaiserdamm heißt zu Ehren des herausragenden Gartenarchitekten Erwin-Barth-Platz.

Wundtstraße, Neue Kantstraße, Dernburgplatz, 14057 Berlin; www.lietzenseepark.de
Erwin Barth 1912–14; 1919/20; 2011
Bootshaus Stella am Lietzensee: Witzlebenplatz 1; tgl. ab 10 Uhr (Dez./Jan. geschlossen)

> U Kaiserdamm, S Messe Nord, Bus M49

Dem Volk zum Vergnügen

Großer Tiergarten

Berlin liegt am Tiergarten – so könnte man den Wert der grünen Lunge für die Stadt zugespitzt beschreiben. Um die zentrale Lage, die Größe und die Schönheit des Großen Tiergartens beneiden andere Großstädter die Berliner. Der Volkspark ist ein Paradies für jedermann: Jogger, Picknickfreunde, Sonnenhungrige, Ruderbootfahrer, Familien mit Kindern und stille Flaneure genießen den Luxus wie selbstverständlich.

Wie wenig selbstverständlich die schöne Anlage des Tiergartens aber tatsächlich ist, zeigt der Blick in die jüngere Geschichte: Im Nachkriegswinter 1946 zerhackte die notleidende und frierende Bevölkerung Berlins jeden erreichbaren Baum zu Brennholz. Danach erinnerte nichts mehr an den großartigen Landschaftspark im Herzen der Stadt. Der gerodete Boden wurde im Sommer zum Anbau von Gemüse in 2500 Gartenparzellen umgepflügt. Der aus der Not geborene Kahlschlag war eine radikale Zäsur, die fast alle Grünanlagen Berlins nach dem Zweiten Weltkrieg traf.

Der altehrwürdige Tiergarten im Herzen der Hauptstadt ist also in Wirklichkeit ein Park mit recht jungen Bäumen und Gehölzen: Am 17. März 1949 pflanzte der Regierende Bürgermeister Ernst Reuter symbolisch die erste Linde an der Hofjägerallee. Ein Jahr später übernahm der Gartengestalter Willy Alverdes (1896–1980) das Mammutprojekt der Rekultivierung. Sein Entwurf für den neuen Tiergarten von 1952 löste sich, ganz dem Zeitgeist entsprechend, von der Vergangenheit. Die einstigen Plätze und charakteristischen Alleen, die dem Park ein strenges und herrschaftlich-repräsentatives Gepräge gegeben hatten, wurden nicht rekonstruiert, dafür neue Wege wie der Bremer Weg angelegt. Einzig die Seenkette von Rousseauinsel bis Luiseninsel sowie den Neuen See ließ Alverdes unangetastet. Damit setzte er sich von weitaus radikaleren Umgestaltungsplänen für die grüne Lunge Berlins ab.

Der in Thüringen geborene Gartenexperte Alverdes, seit 1921 in Berlin zu Hause, legte Wert auf eine naturnahe Parklandschaft mit einheimischen Pflanzen, die in erster Linie als Erholungsraum dienen sollte. Weite Wiesen und natürlich wirkende Waldsäume prägen seither den Tiergarten. Typisch für den Stil der 1950er Jahre sind auch die üppigen Rhododendrenhaine, die den Park im Frühjahr in ein Meer rosafarbener Blüten verzaubern. Pfade aus großen Natursteinplatten führen durch sie hindurch. Die Handschrift von Alverdes ist heute besonders authentisch im Gebiet westlich der Siegessäule zu erkennen. Da durch die Nachkriegsbegrünung die variantenreiche Mischung verschiedener Epochen verlorenging, werden historische Alleen und Anlagen seit 1987 von der Gartendenkmalpflege sukzessive wiederhergestellt.

Seit dem frühen 16. Jahrhundert war das waldige Gebiet westlich der Berliner Stadtmauer ein Jagdrevier der Herrscher Brandenburgs. 1718 hatte König Friedrich Wilhelm I. (1688 bis 1740) dessen Aufhebung befohlen: „Soll nichts gemacht werden; soll kein Tiergarten mehr sein." Nach dem Willen des

Königs wurde der Zaun, der das ausdehnte Gehege einfriedete, danach nicht mehr repariert.

1742 begann die Geschichte des Tiergartens als öffentlicher Park. Friedrich der Große (1712–86) zeigte sich zu Beginn seiner Regierung fortschrittlich und beauftragte seinen Freund und Baumeister Georg Wenzeslaus von Knobelsdorff (1699–1753), das ausgediente Jagdrevier gärtnerisch zu schmücken. Damit war nicht nur eine ästhetische Aufwertung des Geländes verbunden: Bisher nur zum Zeitvertreib der Aristokratie genutzt, stand das königliche Terrain nun als „Lustwald" der Bevölkerung zur Verfügung – ein ungeheurer Schritt. 1745 begannen die Verschönerungsarbeiten, die sich auf die Gebiete am Großen Stern und am Brandenburger Tor konzentrierten.

Das bewaldete Areal mit seinen märkischen Kiefern hatte bereits durch den Bau des Schlosses Charlottenburg unter dem Großvater Friedrichs des Großen an Bedeutung gewonnen. Als Verbindungsweg zwischen dem Stadtschloss und dem Domizil der Königin Sophie Charlotte wurde 1697 eine schnurgerade Achse in Verlängerung der Linden durch den Tiergarten gelegt, gesäumt von mehr als 6000 Linden. Entsprechend der barocken, stets die Symmetrie suchenden Raumaufteilung entstand auf halber Strecke ein kreisrunder Platz, auf den insgesamt acht alleenartige Schneisen zuführten: der Große Stern. Am Ufer der Spree kam ein halbkreisförmiger Platz, der heutige Kurfürstenplatz, hinzu, von dem erst sieben, dann neun regelmäßig angelegte Alleen in den Wald führten, die jeweils von einer Baumart gesäumt waren – u.a. Ahorn, Buche, Eiche, Kastanie, Platane und Rüster. Die Plätze wurden zur beliebten Parforcejagd genutzt, bei der das Wild auf die Schneisen gehetzt wurde. Die zum Kurfürstenplatz führende John-Foster-Dulles-Allee, ehemals Zeltenallee, gilt als ältester bepflanzter Weg im Tiergarten. Sie wurde bereits Mitte des 17. Jahrhunderts unter dem Großen Kurfürsten angelegt. Auch die Kleine und die Große Querallee gehen auf diese Zeit zurück.

Dieses barocke Wegenetz, welches Knobelsdorff weiter ausbaute, bildet heute wieder das Grundgerüst des 210 Hektar großen Parks.

Um den Großen Stern pflanzte der Baumeister Hecken und Eichen und stellte 16 Skulpturen auf, die von den Berlinern despektierlich „Puppen“ genannt wurden. Von der umfangreichen Gestaltung südwestlich des Brandenburger Tores zeugen heute noch der runde Floraplatz und das Venusbassin. Das spätbarocke Bassin, ehemals ein Goldfischteich, wurde 2011 rekonstruiert. An Knobelsdorffs aufwendiger Ausstattung des Parks mit Plätzen, Alleen, Rondellen, Labyrinthen, grünen Salons und Statuen lobte Friedrich der Große, dass „die Bewohner der Hauptstadt hier eine bequeme und schmucke Promenade finden, wo die Reize der Kunst nur unter den ländlichen Reizen der Natur auftreten“. Die Menschen strömten besonders zum Kurfürstenplatz, wo Ausflügler in aufgeschlagenen Zelten bewirtet wurden. Weiter westlich legte 1776 Prinz August Ferdinand den intimeren Großfürstenplatz an. Als Zufahrt zu dessen Schloss wurde die heutige Bellevue-Allee ab 1784 über den Kleinen Stern hinaus verlängert. Dies war der letzte Einschlag im Tiergarten für eine barocke Achse.

Eine neue Epoche brach an, als 1792 unter König Friedrich Wilhelm II. (1744–97) die Neue Partie nördlich der Großen Sternallee (am Großen Weg) entstand. Erstmals wurde im Tiergarten im landschaftlichen Stil ein natürlich wirkender See mit kleiner Insel angelegt. Gewidmet war die Insel dem französischen Philosophen Jean Jacques Rousseau (1712–78), der mit seiner Losung „Zurück zur Natur“ eine Kulturevolution ausgelöst hatte, die sich auch auf die Gestaltung von Parkanlagen auswirkte.

1809 leisteten die Berliner Bürger selbst einen Beitrag zur Ausschmückung des Tiergartens: Mitten in der napoleonischen Besatzungszeit errichteten Patrioten der beliebten preußischen Königin Luise (1776–1810) einen Denkstein von Gottfried Schadow am Südrand des Tiergartens. Als Ort hatten die Bürger einen Lieblingsplatz Luises ausgewählt: die Luiseninsel (Höhe Stauffenbergstraße). Heute entspricht die Insel dem historischen Zustand von 1880, als das Standbild der Königin von Erdmann Encke aufgestellt wurde. Der damalige Obergärtner des Tiergartens, Eduard Neide, legte dort zeitgleich kunstvolle ornamentale Blumenbeete an.

Schmückende, reichbepflanzte Blumenrabatte an lauschigen Plätzen gehörten auch zum Repertoire des Gartenkünstlers Peter Joseph Lenné (1789–1866), der den Tiergarten von 1833 bis 1838 erstmals auf seiner gesamten Fläche gestaltete. Der oberste Gärtner Preußens hatte zuvor, noch unter dem Eindruck einer Cholera-Epidemie, die 1831 in ganz Preußen gewütet hatte, den Zustand des halbverwilderten Tiergartens kritisiert. „Keine sonnigen Gänge und wenige lichte Plätze" finde der Spaziergänger vor. Die noch immer dominanten „Waldmassen" müssten „lichter gehalten" werden. Die neu anzulegenden Spazierwege sollten nicht nur dem Vergnügen dienen – Lennés Erläuterungen zu seinem Entwurf für einen „Volksgarten" von 1832 betonten die Aspekte der Gesundheit und Naherholung.

Die Um- und Neugestaltung des Tiergartens, die der knauserige König Friedrich Wilhelm III. (1770–1840) 15 Jahre zuvor noch abgelehnt hatte, erfolgte in sieben Abschnitten. Neue Wege in weit geschwungenen Bögen erschlossen nun das bisher vernachlässigte Gelände. Lenné respektierte dabei die barocken Achsen und überwiegend auch die Gestaltungen seiner Vorgänger. Im Stil eines Landschaftsparks schuf er ein Wechselspiel aus sonnigen Wiesen, schattigen Wäldern und malerischen Wasserflächen, denen Lenné einen hohen Stellenwert beimaß. Typisch für den Stil des Gartenkünstlers waren auch die Lichtungen, die er als Blickschneisen anlegte. Als sein Volkspark vollendet war, bezog Lenné eine Villa an dessen Südrand, an der heutigen Lennéstraße.

Eine besondere Attraktion des Tiergartens ist der Neue See, den Lenné im Südwesten des Parks anlegte. Das große Gewässer mit seinen Inseln und Buchten entstand infolge des Landwehrkanalbaus. 1845 wurde der See, beliebt für romantische Bootsfahrten, dem Park hinzugefügt. An seinem Ostufer befindet sich das „Café am Neuen See“, das einzige Ausflugslokal mit Biergarten im Tiergarten.

Südlich der Straße des 17. Juni, zwischen Großer Sternallee und Bellevue-Allee, liegt der Rosengarten. Den 1909 angelegten geschlossenen Garten mit Pergola wandelte Willy Alverdes in einen Sommerblumengarten um.

Seit 1991 ein Gartendenkmal, ist der größte Park Berlins zugleich ein Ort der Denkmale: Mehr als 70 Skulpturen und Kunstwerke aus verschiedensten Stilepochen findet man hier. Über die Standorte der einzelnen Werke informieren Übersichtstafeln, die am Eingang der Hauptwege zu finden sind. Dort findet man auch ein Verzeichnis der Spielplätze im Tiergarten.

Straße des 17. Juni, Hofjägerallee, Tiergartenstraße,
John-Foster-Dulles-Allee, 10787 Berlin
Georg Wenzeslaus von Knobelsdorff 1745; Peter Joseph Lenné
1833–38, 1845; Willy Alverdes 1950–59

Café am Neuen See: Lichtensteinallee 2; tgl. ab 9 Uhr;
Tel. 25 44 93 0; www.cafe-am-neuen-see.de
Bootsverleih: März–Okt.

▷ S Tiergarten, S Bellevue, S/U Brandenburger Tor,
S/U Potsdamer Platz, Bus 100, 200

Volkspark Friedrichshain

Der Volkspark Friedrichshain ist eine stark bevölkerte Freizeitoase, die gerne von jungen Familien besucht wird. Kein Wunder, das Angebot für Kinder und Jugendliche ist riesengroß – auf unzähligen Sport- und Spielplätzen und auf weiten Wiesen können sie sich uneingeschränkt austoben. Das erwachsene Stadtpublikum besucht gerne die Gartencafés. Aber auch kulturell hat der Park viel zu bieten. Ein Spaziergang durch den Friedrichshain gleicht einem Gang durch die Geschichte der Demokratie in Deutschland. Angefangen von der Märzrevolution 1848 über die Irrwege des 20. Jahrhunderts bis zur friedlichen Revolution in der DDR von 1989 erinnern viele Denkmale und gestalterische Elemente an prägende Kapitel der deutschen Historie.

Der Friedrichshain schrieb schon bei seiner Entstehung Geschichte: Er war der erste kommunale Park Berlins, also das erste städtische Grün, das nicht von Königshaus oder Adel und ausschließlich für das Volk geschaffen wurde. Anlässlich des

100. Jahrestages der Thronbesteigung Friedrichs des Großen beschlossen die Stadtverordneten im Mai 1840, eine große Grünfläche im Osten der Stadt anzulegen, die den Namen des Monarchen tragen sollte. Sie folgten dabei einer Idee Peter Joseph Lennés (1789 bis 1866), der einen visionären Plan mit dem Titel „Schmuck- und Grenzzüge von Berlin und nächster Umgebung" veröffentlicht hatte. Darin schlug der Altmeister der preußischen Gartenkunst als Gegenstück zum Tiergarten einen Park „zwischen dem neuen Königs- und Landsberger Tor" vor.

Zwei Jahre nach dem ersten Spatenstich 1846 neigten sich die Arbeiten am Friedrichshain dem Ende entgegen. Zeitgleich gingen die Bürger gegen die Krone auf die Barrikaden: Die demokratische Erhebung gipfelte am 18. und 19. März 1848 im gewaltsamen Aufeinandertreffen von Bevölkerung und königlichem Militär. Die Beerdigung der Opfer der Märzrevolution wurde zu einer beeindruckenden Manifestation. Vom Gendarmenmarkt, wo die Särge aufgebahrt worden waren, setzte sich am 22. März ein Trauerzug von rund 40 000 Menschen in Bewegung, in Richtung des neuen Bürgerparks. Dort wurden die 255 Opfer der Revolution auf der damals höchsten Erhebung des frisch bepflanzten Geländes begraben. Der eigens errichtete Ehrenfriedhof war ein starkes Symbol gegen die adelige Obrigkeit, denn er sollte für alle Zeit an die im Kampf um Freiheit, Gleichheit und Demokratie Verstorbenen erinnern. Der Friedhof der Märzgefallenen ist seitdem neben der Frankfurter Paulskirche und der Festung Rastatt ein herausragender Gedenkort für die Ereignisse von 1848/49.

Den Friedhof erreicht man von der Landsberger Allee aus, dem Ernst-Zinna-Weg folgend. Neben 24 schlichten Grabsteinen sind dort Gedenksäulen aus Gusseisen, geschaffen von Fabrikarbeitern der Borsig-Werke, zu sehen. Auch 33 Opfer der Novemberrevolution 1918 wurden hier bestattet. Am Zugang steht seit 1960 der „Rote Matrose" von Hans Kies.

Die heutige Gestaltung des Ehrenfriedhofs wird kaum der

Bedeutung des Ortes gerecht. Das Kuratorium Friedhof der Märzgefallenen setzt sich daher für eine Aufwertung der Anlage zu einer nationalen Gedenkstätte ein. Bis dieses Ziel erreicht ist, informieren eine Ausstellung in einem umgebauten Seecontainer und eine Plakatrotunde auf der Begräbnisstätte über den historischen Hintergrund der Berliner Märzrevolution und den Werdegang des Gedenkortes.

Freiheitliches Gedankengut spielte auch bei dem städtischen Projekt Friedrichshain eine wichtige Rolle. Für die Gestaltung des Parks wurde erstmals vom Magistrat ein Wettbewerb ausgeschrieben. Gewinner war Gustav Meyer (1816–77), damals ein junger Mitarbeiter Lennés in Sanssouci.

Vom grünen Werk Meyers, das sich damals lediglich von der Friedensallee bis zur Virchowstraße erstreckte, ist der heutige Friedrichshain weit entfernt. Einen kleinen Eindruck von seinem Stil bekommt man am Denkmal Friedrichs des Großen im Zentrum des alten Parkteils. Die Büste des Königs, platziert auf einer Säule, war nach dem Zweiten Weltkrieg verschollen. Im Jahr 2000 wurde sie gemeinsam mit dem kreisrunden Platz an der Gedenksäule und der damit verbundenen Promenade wiederhergestellt. Unterhalb des Denkmals liegt ein kleiner Teich mit Fontäne. Zur Friedenstraße erstreckt sich ein ruhiges landschaftliches Areal mit Liegewiese. In einem reetgedeckten Häuschen nahe der Straße ist der heimelige Biergarten „Pavillon“ zu finden.

Der Parkbereich, welcher sich der ursprünglichen Gestaltung Meyers am stärksten annähert, ist eigentlich der jüngste: Der sogenannte Neue Friedrichshain zwischen Virchowstraße und Danziger Straße entstand 1874/75, wiederum nach Plänen Meyers. Die Erweiterung war als Ausgleich gedacht für die Flächen, die 1868 durch den Bau des ersten städtischen Krankenhauses an der Landsberger Allee dem alten Park verlorengingen. Auf dem neuen Areal schuf Meyer, mittlerweile Gartendirektor Berlins, einen von Linden umstandenen ovalen Freiraum von 250 Meter Länge und 100 Meter Breite, der als Spielplatz dienen sollte: das Hippodrom. Nach starken Veränderungen in der Nachkriegszeit ist die Anlage inzwischen nach dem Vorbild Meyers in moderner Form neu erstanden. Damit wurde ein gärtnerisches Gestaltungselement wiederbelebt, das zum festen Repertoire sowohl Lennés als auch seines Schülers Meyer gehörte, jedoch in Berlin gänzlich verschwunden war. Das erneuerte Hippodrom dient vor allem der sportlichen Betätigung. Eine Laufstrecke von 820 Meter Länge und eine befestigte Strecke für Skater in Stadionform bilden den äußeren Ring. Anstelle der historischen Lindenbepflanzung säumen heute Eichen den Parcours. Im Zentrum befindet sich, nach dem Vorbild antiker Stadien, ein tiefer liegendes Wiesenareal. Dort liegen auch Spielfelder mit Sand, auf denen der Nachwuchs Beachvolleyball trainiert. Neben diesem Areal steht ein blockartiger Kletterfelsen.

An der Danziger Straße führt der sogenannte Finnpfad unter Eichen entlang, der sich auch zum Joggen eignet. Ein Auslaufgebiet für Hunde findet sich an der südlichen Virchowstraße.

Den Neuen Friedrichshain quert ein beleuchteter Hauptweg, der direkt zum Alten Friedrichshain führt.

Hinter der (hier aufgehobenen) Virchowstraße liegt ein sogenannter „Duft- und Behindertengarten". In dem eingefriedeten Areal sind Kräuter und Blumen in Hochbeeten gepflanzt, so dass man sie gut riechen und betasten kann. Blickfang ist die überlebensgroße Skulptur „Mutter mit Kind" von 1898, ein Werk des Bildhauers Edmund Gomansky.

Entlang des Weges, auf dem man sich dem Zentrum des alten Parks nähert, erhebt sich ein sehr dicht bewachsender Hügel. Die Anhöhe ist eines der beiden künstlichen Idyllen im Friedrichshain, die aus den traurigen Trümmern des Zweiten Weltkrieges entstanden sind. 1941 wurden im Friedrichshain zum Schutz der Bevölkerung zwei gigantische Bunker errichtet. Nach Kriegsende entsorgte man rund um die Relikte der NS-Diktatur den Schutt der unzähligen Hausruinen Berlins. Zwei Hügel wuchsen empor, die große Flächen des ramponierten Volksparks unter sich begruben und ihm den Beinamen „Mont Klamott" bescherten. Mit Erde bedeckt und mit Gehölz kultiviert, sind die Trümmerberge seit Jahrzehnten lebendige, von Wegen erschlossene Ausflugsziele im Friedrichshain. Vom Kleinen Bunkerberg an der Virchowstraße mit 48 Meter Höhe führt eine beliebte Rodelbahn hinunter. Der Große Bunkerberg mit 78 Meter Höhe teilt den Park an der Friedenstraße in zwei Abschnitte.

Die Pläne zur Nachkriegsneugestaltung des 53 Hektar großen Friedrichshains entwarf Stadtgartendirektor Reinhold Lingner (1902–68) um 1950. Danach erhielt der Volkspark auch eine Freilichtbühne, die sich nahe dem Denkmal für Friedrich II. befindet. Zur Bereicherung der grünen Oase entstand 1973 eine attraktive Freizeitanlage im Bereich der Straße Am Friedrichshain. Nach Entwürfen von Hubert Matthes und Oskar Köster konzentrieren sich dort Spiel-, Bolz- und Tennisplätze und ein Indianerdorf für die Kleinen. Am Schwanenteich mit Fontäne fand eine Gaststätte mit Sommerterrasse Platz. Unter dem vielversprechenden Namen „Schoenbrunn" ist sie heute ein modernes, städtisches Lokal mit Restaurant und Biergarten. Ein Staudengarten mit der plätschernden „Wasserglocke" von Achim Kühn (1973) befindet sich gleich nebenan.

Aus der DDR-Zeit stammen auch zwei Denkmale am Rande des Parks, die dem Widerstand gegen den Faschismus in Europa gewidmet sind. Eine 15 Meter hohe Stele mit bronzenem Fahnentuch von 1972 erinnert an den gemeinsamen Kampf polnischer Soldaten und deutscher Antifaschisten im Zweiten Weltkrieg. Das deutsch-polnische Gemeinschaftswerk der Künstler Zofia Wolska, Tadeusz Lodzian, Arnd Wittig und Günter Mertel ist an der Ecke Virchowstraße/Am Friedrichshain zu finden. Das „Denkmal der Spanienkämpfer" an der Friedenstraße in Gedenken an den Spanischen Bürgerkrieg 1936–39 ist eine Arbeit von Fritz Cremer und Siegfried Krepp (1968).

Nach der friedlichen Revolution in der DDR 1989 bekam der Friedrichshain einen weiteren Ort des Gedenkens, an den sich die Hoffnung auf eine friedliche Zukunft knüpft. Am Ufer des Schwanenteiches, der in einem Tal zwischen den beiden Trümmerbergen eingebettet ist, steht die Weltfriedensglocke, die auf Initiative der japanischen World Peace Bell Association aufgestellt wurde. Unter einem Pavillon im japanischen Stil installiert, erinnert sie an die beiden Atombombenabwürfe auf Hiroshima und Nagasaki 1945.

Das bekannteste und zugleich das fröhlichste aller Kunstwerke im Friedrichshain ist der Märchenbrunnen von Stadtbaurat Ludwig Hoffmann. Das grandiose Bauwerk im Stil italienischer Wassertheater entstand zwischen 1902 und 1913 an der Westspitze des Parks und war als Geschenk an die von Typhus und Rachitis bedrohten Arbeiterkinder gedacht. Trotz der imposanten frühbarocken Architektur aus geschwungener Arkade und davorliegender flacher Kaskade mit Springbrunnen lädt das Bauwerk Kinder dazu ein, zwischen wasserspeienden Fröschen herumzuplanschen und über die von Joseph Rauch entworfenen Hirsche, Hunde oder Wildschweine auf der Balustrade der Arkade zu staunen. Am Rande der Kaskade sind neben steinernen Schildkröten zehn Märchenskulpturen des Bildhauers Ignatius Taschner aufgestellt: Aschenputtel, Dornröschen, Hans im Glück, Schneewittchen, Rotkäppchen und das Mädchen mit den sieben Raben. Hinter dem Märchenbrunnen befindet sich der runde Delphinbrunnen von Georg Wrba.

Am Friedrichshain, Landsberger Allee, 10249 Berlin
Gustav Meyer 1846–48 und 1874/75; Reinhold Lingner 1950;
Oskar Köster und Hubert Matthes 1973
Friedhof der Märzgefallenen: Ernst-Zinna-Weg; tgl. 10 bis 18 Uhr;
www.friedhof-der-maerzgefallenen.de
Märchenbrunnen: Mo–Fr 8–22 Uhr, Sa/So 9–22 Uhr
Gaststätte Pavillon: Friedenstraße; tgl. ab 11 Uhr
Gaststätte Schoenbrunn: Am Schwanenteich; tgl. ab 10 Uhr

▷ Tram M5, M6, M8

Volkspark Humboldthain

Die ausgedehnten Wiesen unter hohen Bäumen im Volkspark Humboldthain bieten Platz für Kind und Kegel. Ein multikulturelles Völkchen nutzt das traditionelle Grün zur Entspannung im Freundeskreis und für die Ausübung von allerlei Bräuchen. Wer es eher ruhig mag, dem ist der einmalig schöne Rosengarten ein Zufluchtsort.

Der Humboldthain im Stadtteil Wedding ist nach dem Friedrichshain der zweite Park, der eigens für die Bürger Berlins errichtet wurde. Er gehörte zu den vier großen Grünprojekten, die im 19. Jahrhundert realisiert wurden. Nach der völligen Zerstörung im Zweiten Weltkrieg ist der Humboldthain in seiner heutigen Form jedoch eine Neuschöpfung der Nachkriegszeit. Nichts erinnert mehr an die ursprüngliche Anlage, für die 1866 Gartenarchitekt Gustav Meyer (1816–77) einen ersten Entwurf vorgelegt hatte. Was aber zunächst wie ein Verlust klingt, ist letztendlich ein Gewinn.

Nach Ende des Krieges bot der einst so prächtige wie lebhafte Volkspark der Kaiserzeit einen deprimierenden Anblick. Neben kahlen Flächen und Bombentrichtern standen felsenfest die nackten Bunkerkolosse, die 1941 zum Schutz der Bevölkerung erbaut worden waren und rund 15 000 Menschen Zuflucht geboten hatten. Wegen der auf den Bunkern stationierten Flugabwehrgeschütze war der Humboldthain allerdings auch eines der Hauptangriffsziele der alliierten Bomberverbände. Die hässlichen Hinterlassenschaften des Krieges zu beseitigen war eine kaum zu bewältigende Aufgabe. Der größere Bunker direkt neben dem Gleisgraben am Bahnhof Gesundbrunnen konnte trotz Sprengungen nur zur Hälfte abgerissen werden.

Aus der Not machte man schließlich eine Tugend: Die beiden unzerstörbaren Bunker wurden mit Trümmern verfüllt und zugeschüttet. Dafür waren rund eine Million Kubikmeter Schutt notwendig. Anstelle der monströsen Bauwerke findet man heute – wie im Friedrichshain – zwei dichtbewachsene Hügel, die den besonderen Reiz des Parks ausmachen und wie natürliche Erhebungen wirken. Der nördliche Trümmerberg an der Bahntrasse, Humboldthöhe genannt, ist mit 85 Meter Höhe ein hervorragender Aussichtspunkt im Berliner Stadtzentrum. Zwei der ehemals vier Flaktürme ragen aus der künstlichen Kuppe heraus. Auf einer der beiden zugänglichen Plattformen steht eine markante Metallskulptur von Arnold Schatz aus dem Jahr 1967, welche die Wiedervereinigung der deutschen Länder anmahnte. Weiter unten wird ein freiliegendes Stück der noch intakten Bunkermauer, mit Griffen versehen, als Kletterwand genutzt.

Der Kleine Bunkerberg, am Südrand des Humboldthains neben der Gustav-Meyer-Allee gelegen, ist als 200 Meter lange Rodelbahn modelliert worden. Verschlungene Pfade führen durch dichtes Gehölz zum Startpunkt des winterlichen Vergnügens, an dem noch einige Trümmerreste sichtbar sind.

Den Plan zum Wiederaufbau des Humboldthains entwarf der

Weddinger Gartenamtsleiter Günther Rieck (1903–61). Zwischen 1948 und 1951 wurden auf dem 29 Hektar großen Gelände rund 200 000 Gehölze neu gepflanzt, darunter sogenannte Pionierpflanzen wie Wildrosen, Ahornbäume, Pappeln und Robinien, die das brache Terrain aus Schutt und Müll urbar machten. Zwischen den Trümmerhügeln erstrecken sich die ausgedehnten Liegewiesen, die nach der Tradition der Landschaftsparks locker bepflanzt sind. Im nordwestlichen Bereich des Parks, fußläufig zum S-Bahnhof Humboldthain, entstand ein Freibad mit Restaurant. Bolzplätze und ein Areal für Hunde liegen an der Gustav-Meyer-Allee.

Rieck schuf mit Hilfe der Schuttberge nicht nur eine abwechslungsreiche Parklandschaft, ihm verdankt Berlin auch eines der schönsten Gartenkunstwerke der Hauptstadt: den Rosengarten.

Der Rosengarten im Humboldthain wurde zwischen Brunnenstraße und neuer Humboldthöhe angelegt, wo bis zum Ende des Zweiten Weltkriegs die Himmelfahrtskirche von August Orth stand. In der Zeit seiner Entstehung zählte der zauberhafte Garten rund 15 000 Rosen. Neben der üppigen und bunten Blütenpracht unzähliger Rosenarten ist es vor allem die Gestaltung, die den Garten so einzigartig macht. Das durch Böschungen aus Hainbuchen und Rhododendren abgeschirmte Areal ist nach Vorbild italienischer Renaissancegärten arrangiert. Geometrisch beschnittene Hecken aus Buchsbaum und Eiben strukturieren den Garten. Niedrige Buchsbaumhecken umrahmen die variantenreich geformten Rosenbeete, höhere Eibenhecken umgeben schützend die zahlreichen Sitzgelegenheiten. Kugeln aus Buchsbaum setzen Akzente an den Wegkreuzungen, Kletterrosen ranken an Spalieren, die als Zugänge zum zentralen Rosenquartier dienen. Zur gärtnerischen Ausschmückung gehören auch Zierkirschen und Kübelpflanzen.

Am Übergang zur Humboldthöhe befindet sich hinter einem Staudengarten eine große, mit Glyzinien bewachsene Pergola.

Im Rosengarten kann man darüber hinaus die Bronzeplastik „Diana“ bewundern, die der Bildhauer Walter Schott 1926 geschaffen hat. 1987 wurde sie an diesem Ort aufgestellt. Ein kleiner Brunnen aus Biberfiguren gehört ebenso zum Schmuck des Rosengartens, der an die Tradition des alten, zerstörten Humboldthains anknüpft. „In keinem unserer öffentlichen Parks begegnet man einer so reichen und schönen Kollektion von Rosen wie hier“, lobte das Berliner Tageblatt 1882 den historischen Vorgängergarten.

Als Ersatz für die gesprengte Himmelfahrtskirche errichtete man übrigens von 1954 bis 1956 einen schlichten Neubau nach einem Entwurf von Otto Bartning im südöstlichen Bereich des Parks.

Im Jahr 1981 bekam der Humboldthain als neueste Kreation einen Wassergarten. Er gruppiert sich entlang eines Fließes, das sich im östlichen Parkteil durch das wellige Gelände schlängelt und Tümpel bildet. Bambus und Staudengewächse säumen seinen Weg, kleine, niedrige Brücken führen über ihn hinweg. Das Wasser entspringt einem Brunnen am Ende einer Allee, die durch einen Pavillon auf einer Anhöhe leicht zu finden ist. Der Pavillon wird von Pyramideneichen umgeben, die einen runden Platz bilden.

In der Nähe sind zahlreiche Tische mit Sitzgelegenheiten für Schachspiele aufgestellt.

Neben einem konventionellen Spielplatz an der Liegewiese nahe dem Freibad befindet sich im Humboldthain neben der Himmelfahrtskirche auch ein Abenteuerspielplatz mit Holzhütten (www.erlebnispark-asp-humboldthain.de).

Zum Gedenken an den Namenspatron des Parks, Alexander von Humboldt (1769–1859), wurde 1952 ein zwei Meter hoher Humboldt-Gedenkstein nach einem Entwurf von Karl Wenke aufgestellt. Er steht am Hauptweg, der von der Gustav-Meyer-Allee, Ecke Brunnenstraße an der Kirche vorbeiführt.

Der 100. Geburtstag des berühmten Naturforschers Alexander von Humboldt gab am 14. September 1869 Anlass zum Startschuss für den Bau des nach ihm benannten Parks. Bei diesem Festakt legte man auch den Grundstein für das erste Humboldt-Denkmal in der Grünanlage.

Nach Entstehung des Friedrichshains als des ersten kommunalen Parks Berlins hatten die Stadtverordneten 1864 beschlossen, zwei weitere Parks im Süden wie im Norden der wachsenden Stadt anlegen zu lassen. Neben dem Humboldthain war dies der Treptower Park.

Für beide Projekte erarbeitete Gustav Meyer, einstmals Mitarbeiter Lennés, die Pläne. In seinem Entwurf verband der spätere Gartendirektor Berlins die natürliche Anmutung eines englischen Landschaftsparks mit geometrischen Elementen der klassischen Gartenbaukunst Frankreichs. Akkurat gezirkelte Plätze und Promenaden säumte er mit Bäumen. In der doppelreihigen Lindenbepflanzung, die parallel zur Brunnenstraße am Rand des Humboldthains entlangführt, klingt heute noch die Gestaltung Meyers an.

Von Anfang an hinterließ die boomende Metropole Spuren in der 1872 fertiggestellten Grünanlage: Die Grenzstraße verlief geradewegs bis zur Brunnenstraße und teilte den Park in zwei Hälften. Am westlichen Rand durchzog zudem eine Industriebahn den Hain. Die Gleise dieser historischen Verbindung zum Industrieareal südlich des Humboldthains liegen am Eingang Wiesenstraße bis heute im Boden. Nicht unproblematisch war auch die Nachbarschaft expansionsfreudiger Industrieanlagen im Süden des Parks: Erst befand sich hier der alte Schlacht- und Viehhof, anschließend entstanden an seiner Statt Maschinenfabriken des Elektrokonzerns AEG.

Gustav Meyer konnte das Gedeihen seines Parks mit eigenen Augen verfolgen – von seinem Dienstsitz als erster Gartendirektor der Stadt Berlin (1870–77) aus, einer schmucken Villa im italienischen Stil, die an der heutigen Gustav-Meyer-Allee errichtet wurde.

Die Namensgebung nach Alexander von Humboldt war nicht nur eine Ehrung des weitgereisten Forschers, man verband damit auch einen Auftrag zur Weiterbildung der Bevölkerung. In diesem Sinne wurden in dem Park zahlreiche ausländische und exotische Gehölze angepflanzt, die nach Vorbild botanischer Gärten entsprechend der geographischen Herkunft in Gruppen zusammenstanden. Vielen Schulen dienten sie als lebendiges Anschauungsmaterial. 1889 wurde im Humboldthain sogar ein Palmenhaus eröffnet. Ein Terrarium ergänzte die botanische Abteilung des Parks.

Ebenfalls aus volkspädagogischen Gründen errichtete Dr. Eduard Zache 1894/95 eine „Geologische Wand", die aus Gesteinen der Erdkruste besteht. Die lehrreiche Wand wurde Jahre später nach Blankenfelde versetzt, wo sie heute im Botanischen Volkspark zu sehen ist. Basaltsäulen und ein Ergussgestein aus erstarrter Lava blieben im Humboldthain erhalten und sind am Eingang zum Rosengarten (Richtung Liegewiesen) zu finden.

Brunnenstraße, Gustav-Meyer-Allee, Wiesenstraße, 13355 Berlin
Gustav Meyer 1869–72; Günther Rieck 1948–51

▷ S/U Gesundbrunnen, S Humboldthain

Treptower Park

Wegen seiner besonderen Mischung aus Flusslandschaft, riesigen Wiesen, beschaulichen Bereichen und lebhaften Lokalen ist der Treptower Park ein attraktives Ausflugsziel in Zentrumsnähe. Dank seiner Ausdehnung bietet der Parks viel Platz für jede Form der Erholung. An sonnigen Wochenenden erobern Anwohner aus Kreuzberg, Neukölln und Friedrichshain den Volkspark.

Ein Foto aus der Zeit vor dem Ersten Weltkrieg zeigt den „Großen Spielplatz“ des Treptower Parks. Zu sehen ist eine große, von Bäumen umstandene Wiese, bevölkert von Kindern und ihren Kindermädchen.

Wo Kinder in der Kaiserzeit ungestört tobten, entstand 40 Jahre später eines der größten Massengräber des Zweiten Weltkrieges in Berlin. Zwischen 1946 und 1949 errichtete die Sowjetunion eine zentrale Gedenkstätte für die bei den Kämpfen um Berlin gefallenen Soldaten der Roten Armee auf der rund zehn Hektar großen Spielwiese. Mit dem am vierten Jahrestag der Kapitulation eingeweihten Sowjetischen Ehrenmal ist der Name Treptower Park seitdem verbunden.

Bei der Errichtung der eindrucksvollen Gedenkstätte wurde die bestehende regelmäßige Freifläche des Geländes in Form eines länglichen Ovals, eines sogenannten Hippodroms, übernommen. Architekt Jakow B. Belopolski entwarf eine pathetisch-monumentale Anlage, die von Gehölzpflanzungen eingerahmt wird.

Auf dem Vorplatz, zu dem die beiden Haupteingänge führen, steht die drei Meter hohe Skulptur der „Mutter Heimat“, die um ihre gefallenen Söhne trauert. Ihr gegenüber liegt am Ende der Längsachse das haushohe Standbild eines Sowjetsoldaten. Nach einer breiten, leicht ansteigenden Allee aus Trauerbirken passiert man zunächst zwei mächtige Pylonen aus rotem Granit. Sie stellen in abstrakter Form zwei zur Trauer gesenkte Fahnen der Sowjetunion dar. An den Innenseiten der Pylonen knien Soldaten aus Bronze. Treppen führen zum gigantischen Friedhofsparterre hinab. Unter den fünf rechteckigen Grabfeldern sind 7000 Gefallene bestattet. Flankiert wird das Parterre von je acht Sarkophagen aus Kalksteinblöcken, welche die 16 ehemaligen Unionsrepubliken symbolisieren.

Höhepunkt der Gedenkstätte ist das alles überragende, 30 Meter hohe Monument des „Großen Soldaten“: Auf einem acht Meter hohen Hügel steht das runde Mausoleum. Im begehbaren Innenraum zeigt ein Mosaikfries des Malers Alexander A. Gorpenkow Vertreter der Sowjetrepubliken bei der Totenehrung. Auf dem Mausoleum steht der elf Meter hohe Soldat, der den Sieg über die NS-Diktatur symbolisiert. Sein Schwert ruht auf einem zerschmetterten Hakenkreuz, auf dem linken Arm trägt er ein Kind. Gefertigt wurde die 70 Tonnen schwere Bronzefigur nach einem Entwurf von Jewgeni W. Wutschetitsch in St. Petersburg, dem damaligen Leningrad.

Die Einbettung des Ehrenmals in das ehemalige Hippodrom, das Kernstück des Treptower Parks, und die damit einhergehende respektvolle Rücksichtnahme gegenüber dem Landschaftspark ist für die Geschichte der Berliner Gartenkunst ein Glücksfall. Nach dem Friedrichshain und dem Humboldthain war der Treptower Park das dritte Großprojekt, das der Lenné-Schüler und spätere erste städtische Gartendirektor Berlins, Gustav Meyer (1816–77), plante. Von den Schöpfungen des stilprägenden Gartenarchitekten entging allein Treptow der Zerstörung im Zweiten Weltkrieg. An dem Hippodrom, der Großen Wiese, dem Karpfenteich, dem Runden Platz südöstlich des Ehrenmals, der Platanenallee (Puschkinallee) und den in weiten Schwüngen geführten Wegen ist die Handschrift Meyers unverkennbar geblieben. Fast alle diese Elemente waren bereits Bestandteil seines ersten Entwurfes für den Treptower Park von 1864.

In jenem Jahr hatte sich der Magistrat entschieden, aufgrund der wachsenden Bevölkerungszahl zwei neue große Grünanlagen am Stadtrand zu errichten. Neben dem Nordpark, später Humboldthain genannt, war dies ein Park im Süden, im damals noch selbständigen Treptow. Die Verwirklichung dieser Pläne vertraute man Gustav Meyer an, dem Gestalter des Friedrichshains und damaligen Hofgärtner in Potsdam. Zwölf Jahre sollten noch ins Land gehen, bis das Vorhaben in Treptow endlich umgesetzt werden konnte.

Das Gelände, auf dem der Park errichtet werden sollte, gehörte zur Köllnischen Heide und war damals bereits ein beliebtes Ausflugsziel, insbesondere für Bewohner der nahen Luisenstadt (heute Kreuzberg bzw. Mitte). Ausgelassene Volksfeststimmung herrschte an den Tagen des „Stralauer Fischzuges“, der Scharen nach Treptow lockte. Auch Feuerwerke gehörten zu den Publikumsmagneten. Eine traditionsreiche Institution aus dem Jahr 1822 ist die Gaststätte „Zenner“ an der Spree (Alt-Treptow 14–17). Das erste Gasthaus entwarf Carl Ferdinand Langhans als Ausflugslokal mit Aussichtsplattform und Terrassen am Fluss. Nach Kriegszerstörung schuf

Hermann Henselmann von 1954 bis 1956 den heutigen Nachfolgebau mit Biergarten.

Die Erschaffung des Treptower Parks ab 1876 war ein Projekt der Superlative und nahm noch einmal zwölf Jahre in Anspruch: Auf 84 Hektar wurden ungefähr 90 000 Gehölze gepflanzt, rund 300 000 Quadratmeter Rasenfläche gesät und 130 000 Kubikmeter Erde bewegt. Den Aushub für den Karpfenteich im südlichen Bereich verwendete man für die rahmende Böschung des Hippodroms. Die Idee einer so großen Spielwiese im Zentrum des Parks war zwar zu jener Zeit neu, kritischen Geistern war die ovale Freifläche aber dennoch nicht fortschrittlich genug. Die Vossische Zeitung etwa bemängelte, dass es sich dabei in Wahrheit um einen „regelmäßigen Exercierplatz ohne Baumgruppen, ohne Schatten“ handele. Der runde, von Bäumen umgebene Platz, den Meyer in seinem zweiten Entwurf von 1876 dem Spielplatz hinzufügte, besteht heute noch östlich des Sowjetischen Ehrenmals.

Als Meyer 1877 starb, führte sein Amtsnachfolger Hermann Mächtig die Arbeiten ohne Änderungen fort. Gegen Widerstände setzte Mächtig beispielsweise die Anpflanzung der von Meyer vorgesehenen Platanenallee durch. Die Chaussee, heute Puschkinallee, mit der Wirkung einer gotischen Halle ist Berlins majestätischste Allee.

Beeindruckend ist auch die Große Wiese zwischen Ringbahn und Ehrenmal. Im englischen Stil wird sie von Baumgruppen aufgelockert und durch eine abwechslungsreiche Baumkulisse gerahmt. Hier befindet sich auch ein Spielplatz. In einem kleinen Hain setzte man hier dem Parkschöpfer Gustav Meyer ein Denkmal. Die Marmorbüste auf rotem Granit von Albert August Manthe stammt aus dem Jahr 1890.

Neben dem Wechsel aus weiten Wiesenflächen und dichtem Gehölz und Gebüsch ist das in großen Schwüngen geführte Wegenetz charakteristisch für den Treptower Park. Um die ausgedehnte Grünanlage auch per Kutsche genießen zu können, wurde 1892 der Promenadenweg, der vom heutigen S-Bahnhof südwestlich an der Großen Wiese und dem Karpfenteich vorbeiführt, verbreitert.

Folgenschwerer waren die Eingriffe, die aufgrund von zwei Ausstellungen im Park erfolgten. 1894 fand die Allgemeine Deutsche Landwirtschaftliche Wanderausstellung auf den Wiesen und Rasenflächen statt. Im Sommer 1896 wurde die Grünanlage für die Deutsche Gewerbeausstellung zweckentfremdet. Feste Bauten wurden errichtet und der zentrale Spielplatz in einen See umgewandelt. Von dieser Ausstellung stammen die in der Spree künstlich aufgeschüttete Insel Berlin am Rande des Parks, ehemals Insel der Jugend, und die Sternwarte im östlichen Teil. Erst 1898 konnte die aufwendige Rekonstruktion der veränderten oder beschädigten Bereiche abgeschlossen und der Park wieder von der Bevölkerung genutzt werden.

Die Archenhold-Sternwarte, benannt nach ihrem Gründer, dem Astronomen Friedrich Simon Archenhold, ist heute wie damals eine Attraktion. Sie besitzt das längste bewegliche Linsenfernrohr der Welt mit einer Brennweite von 21 Meter. Das Ungetüm wiegt 130 Tonnen und hat einen Linsendurchmesser von 68 Zentimeter Die älteste Volkssternwarte Deutschlands verfügt natürlich auch über moderne Teleskope und ein Kleinplanetarium.

Eine sehenswerte Figurengruppe aus dem Jahr 1908 befindet sich am Nordufer des Karpfenteiches: Otto Petri schuf das Werk mit dem Namen „Am Meeresgrund“.

Entspricht der Treptower Park südlich der Puschkinallee noch überwiegend dem Original Gustav Meyers, so ist die nördliche Zone an der Spree eine Schöpfung der Nachkriegszeit. Zunächst wurden die ufernahen Wiesen mit Trümmerschutt aufgefüllt. Zwischen 1959 und 1969 entstanden zahlreiche separate Sondergärten nach Entwürfen von Georg Béla Pniower und Hubert Matthes. Dazu zählen der Sommerblumengarten neben der Gaststätte „Zenner“, ein Garten mit Heidepflanzen und der 2012 restaurierte Rosengarten. Der Sommerblumengarten besteht aus geometrischen Blumenbeeten mit einem Wasserbecken. Eine Heidelandschaft imitiert ein eingefriedeter Garten auf halbem Weg zum Rosengarten. Der sehr attraktive Rosengarten nach einem Entwurf von Matthes liegt vis-à-vis dem Eingang zum Ehrenmal an der Puschkinallee. Im Stil der 1960er Jahre sind die Beete mit Waschbeton eingefasst, eine Pergola grenzt den Garten nach Westen ab, ein ebenerdiger Springbrunnen belebt den Garten zusätzlich.

Am Ufer der Spree entlang verläuft eine Promenade, die von der Insel Berlin bis zum S-Bahnhof reicht. An der Insel können Paddelboote ausgeliehen werden. In der Nähe des Bahnhofs liegt der Treptower Hafen, eine Anlegestelle für Ausflugsdampfer. In diesem Bereich säumen gastronomische Buden den Uferweg und bieten variantenreiche Kost an. Am Vorplatz des S-Bahnhofs steht eine interessante Metallskulptur, die eine Blüte darstellt, deren Stempel und Blätter sich bewegen.

Am Treptower Park, Puschkinallee, 12435 Berlin
Gustav Meyer 1876–88 (ab 1877 Hermann Mächtig); Georg Béla Pniower und Hubert Matthes 1959–69
Archenhold-Sternwarte: Alt-Treptow 1; Tel. 536 06 37 19; www.sdtb.de
Eierschale Zenner: Alt-Treptow 14–17; tgl. ab 12 Uhr

▷ S Treptower Park, S Plänterwald

Schillerpark

Eine großzügige Spielwiese für den Weddinger Kiez ist der Schillerpark.

Auf den ersten Blick wirkt er etwas spröde. Dichtbewachsene Grünzonen findet man nur am Rande. Das unspektakuläre Erscheinungsbild ist aber beabsichtigt, ja, es ist sogar die Errungenschaft und Folge einer Kulturrevolution vor rund 100 Jahren. Der damals neu angelegte Park sollte nicht mehr nur dem Promenieren dienen: Mit dem Verzicht auf aufwendige Inszenierungen und kunstvollen Pflanzenschmuck wurde das Grün zum Raum für vielfältige Freizeitaktivitäten. „Dieser Schillerpark sei vor allem der so nötigen körperlichen und seelischen Erholung des Großstadtmenschen gewidmet, er gebe Gelegenheit zu Spaziergängen in frischem Grün, zum Spiel, zur sportlichen Betätigung“, erläuterte Gartenarchitekt Friedrich Bauer seinen Entwurf. Sport in einem Atemzug mit Spaziergang, das klang in den Ohren seiner traditionsbewussten Kollegen, die sich mehr als Künstler denn als Freiflächengestalter begriffen, radikal neu. Dem Park im Norden der damaligen Stadtgrenze fehlte auch der übliche Anspruch, eine Freiluftgalerie für Skulpturen zu sein. Statt eines repräsentativen Brunnens oder beeindruckender Kaskaden sah Bauer ein riesiges Planschbecken für Kinder vor – so etwas hatte es zuvor in der Reichshauptstadt nicht gegeben.

Geradezu revolutionär war auch, dass die weiten Wiesen uneingeschränkt betreten werden durften. Galt doch bis dato in den öffentlichen Grünanlagen Berlins überwiegend die eherne Regel „Betreten des Rasens verboten". Die Bezeichnungen „Bürgerwiese" und „Schülerwiese" für die beiden gleich großen Rasenflächen machten die ungewohnte Freiheit deutlich. Als der Schillerpark ein Jahr vor Ausbruch des Ersten Weltkriegs eingeweiht wurde, sprengte das zarte Grün die sozialen Verkrustungen des Kaiserreiches. Ohne Wenn und Aber ging es auf die Bedürfnisse der Bevölkerung in den dichtbesiedelten, ärmlichen Quartieren des Berliner Nordens ein.

Die Widerstände gegen dieses städtische Projekt, das einen vorher nicht bekannten emanzipatorischen Geist atmete, waren enorm. Das Ergebnis des 1907 von der Stadt Berlin ausgeschriebenen Wettbewerbs, für den sage und schreibe 105 Entwürfe eingereicht wurden, war ein Affront gegen den amtierenden Gartendirektor Hermann Mächtig. Sein wesentlich aufwendigerer Beitrag war chancenlos geblieben und der Jury nicht einmal eine lobende Erwähnung wert. Den ersten Preis erhielt stattdessen Gartenarchitekt Friedrich Bauer aus Magdeburg.

Mächtig, seit 30 Jahren der Patriarch der Berliner Grünflächen, wollte diese Schmach nicht auf sich sitzen lassen und nutzte seine Stellung, um beim Magistrat gegen das neumodische Konzept zur Begrünung der sogenannten Wurzelberge zu intervenieren. Doch auch sein überarbeiteter Plan fand letztlich nicht genügend Fürsprecher. Bürgermeister Dr. Georg Reicke begründete gegenüber dem städtischen Parlament, wieso man dem Votum der Jury, in der unter anderem der Maler Max Liebermann saß, folgen wollte: „Aber Sie wissen, dass in Dingen, die mit der Kunst zu tun haben, ein Stillstand schon die Gefahr eines Rückschrittes in sich birgt, und wir sagten uns auch: Es liegt kein rechter Grund vor, das, was wir sonst in unseren Parks in Berlin schon Gutes geleistet haben, hier noch einmal ähnlich zu wiederholen."

1909 wurde die erste Schillereiche auf dem Gelände des neuen Parks gepflanzt. Im selben Jahr starb Gartendirektor Mächtig. Das Ende seiner Amtsperiode und die Gestaltung des Schillerparks markierten einen Wendepunkt in der Geschichte der Gartenkunst in Berlin: Die Ära der Lenné-Meyer-Schule mit dem Leitbild des der Erbauung dienenden „Schmuckgrüns" wurde abgelöst durch reformerische Gedanken, die den sozialen Aspekt und die intensive Nutzung öffentlicher Grünanlagen in den Mittelpunkt stellten.

Was im rund 29 Hektar großen Schillerpark besonders ins Auge fällt, sind weniger die damals revolutionären, heute durchaus üblichen Errungenschaften wie etwa das Planschbecken an der Nordostecke des Areals (Bristolstraße, Ecke Dubliner Straße). Es ist vielmehr das beeindruckende Zeugnis spätwilhelminischer Gedenkkultur – ein außergewöhnlicher Bestandteil des volksnahen Grüns –, welches den Weddinger Park in der Gegenwart so besonders macht: Einer Bastion gleich erhebt sich nördlich der planen Schülerwiese eine monumentale Anlage, die in drei langgestreckten, terrassenförmig angelegten Ebenen gegliedert ist. Die trutzigen Stützmauern und Eckpavillons des von Karl Bernhard bis 1912 errichteten Bauwerks bestehen aus grob gehauenem Kalkstein. Auf dem obersten Plateau befindet sich der eindrucksvolle Schillerhain – sechs dichte Kastanienreihen, die zu Ehren des Dichters Friedrich Schiller (1759–1805) gepflanzt wurden. Den „feierlichen Ernst" und die „stimmungsvolle Ruhe" in den „grünen Hallen", von denen zur Entstehungszeit geschrieben wurde, kann man noch heute spüren. Nur ein kleiner Spielplatz hat sich dazugesellt.

Welche prachtvolle Augenweide einstmals der Rosengarten auf der unteren Ebene gemeinsam mit Kirschen und Magnolien bot, bleibt hingegen bis zur dringend notwendigen Rekonstruktion der Phantasie des Betrachters überlassen.

Das Schillerdenkmal vor den Freitreppen zum Hochplateau kam erst drei Jahrzehnte später hinzu. Es ist ein Bronzeabguss des berühmten Originals auf dem Gendarmenmarkt, das dort 1871 enthüllt wurde. 1937 wurde eine Kopie dieser Arbeit des Bildhauers Reinhold Begas angefertigt, die Jahre später auf dem Park-Monument aufgestellt wurde.

Die Schillereiche unweit der Ecke Bristol-/Barfusstraße stammt übrigens aus Marbach, der Geburtsstadt Schillers.

Am Rande der Bürgerwiese, eines welligen Geländes mit locker gruppiertem Baumbestand, erstreckt sich parallel zur Edinburger Straße eine Lindenallee, an deren nordwestlichem Ende eine Skulptur der Muse Polyhymnia aus dem Jahr 1912 steht. An der Edinburger Straße befindet sich auch ein Spielplatz. Das Planschbecken wird ab 25 Grad Lufttemperatur gefüllt.

Edinburger, Dubliner, Bristol- und Ungarnstraße, 13351 Berlin
Friedrich Bauer 1909–13

▷ U Rehberge

Volkspark Wilmersdorf – Rudolph-Wilde-Park

Der Volkspark Wilmersdorf und der Rudolph-Wilde-Park entstanden vor rund 100 Jahren, als Deutsch-Wilmersdorf und Schöneberg noch selbständige, wohlhabende Städte waren. Die Grünanlagen waren keine Reaktion auf soziale Missstände oder städtebauliche Defizite. Mit ihnen wollten sich die Orte vielmehr schmücken und, im Fall Schönebergs, ein neues Stadtviertel für Begüterte attraktiv gestalten. Das morastige Gelände am Südrand der Kommunen verhinderte ohnehin eine Bebauung und bestimmte auf natürliche Weise Lage und Verlauf der beiden Parks, die über die Bezirksgrenze hinweg einen Grünzug bilden. Ungewöhnlich sind die Ausmaße des nahtlos ineinander übergehenden Duetts: Nur bis zu 150 Meter breit, dehnt sich der grüne Streifen rund 2,5 Kilometer lang aus – ein Paradies für Langstreckenläufer und Jogger. Außergewöhnlich ist auch, dass beide Stadtparks jeweils durch oberirdisch verlaufende U-Bahnschächte durchquert werden.

Obschon die beiden Parks als eine Einheit betrachtet werden

können, sind sie keineswegs gleichförmig. Ihr Charakter verändert sich vielmehr von Abschnitt zu Abschnitt, schlägt den Bogen von einem naturnahen Teich im Westen bis zu einem repräsentativen Schmuckplatz im Osten. Am stärksten frequentiert sind die zentralen Wiesen östlich der Uhlandstraße sowie das große Spielareal am Hans-Rosenthal-Platz. Ein gemischtes Publikum und Jugendliche der angrenzenden Schulen suchen die Parks auf.

Der Volkspark Wilmersdorf, der sich vom Autobahnkreuz Wilmersdorf bis zur Kufsteiner Straße erstreckt, bildete sich etappenweise von 1912 bis 1936 heraus und wurde in den 1960er Jahren nochmals umgestaltet. Zwei Verkehrsadern unterteilen die Grünanlage in drei Bereiche.

Erste Pläne, die als Baugrund ungeeignete Senke aus der Eiszeit öffentlich zu nutzen, gab es bereits um 1900. Richard Thieme, der Obergärtner der reichen und seit 1906 städtischen Kommune Wilmersdorf, war zuständig für die Durchführung des Projektes.

Schon 1899 hatte man den Wilmersdorfer See südlich des alten Dorfkerns zugeschüttet und damit einen populären Badesee mit Ausflugslokal zerstört. An die natürlichen Gewässer der Senke erinnert heute nur noch der Fennsee im westlichen Abschnitt des Volksparks, der zum Regenauffangbecken ausgewählt wurde und dadurch seine heutige Größe erhielt. Hier, zwischen Kalischer Straße und Blissestraße, ist das Gelände sehr schmal und wird vom See und dessen sehr steiler Uferböschung eingenommen. Dadurch hat der Park an dieser Stelle einen wild-romantischen Charakter. Ein Spielplatz am westlichsten Zipfel nutzt den abschüssigen Hang für eine Rutsche, die dort in die Tiefe führt. Entlang der beiden unzugänglichen, meist dichtbewachsenen Ufer führen Wege durch einen waldartigen Saum aus Ahorn, Buchen, Eichen, Pappeln, Robinien und Holunder. Zur Blissestraße öffnet sich das Gelände zu einer baumbestandenen Wiese. Auf halber

Strecke überbrückt der mächtige Bahnkörper der U-Bahn-Linie, die im Zuge der Barstraße vom Fehrbelliner Platz Richtung Krumme Lanke führt, die Senke. Der Brückenschlag der 1913 eröffneten Linie sah bis 1945 noch eleganter aus, da die seitlichen Arkaden damals noch offen waren.

Diesseits des Verkehrsknotenpunktes aus Blisse-, Uhland- und Mecklenburgischer Straße beginnt der Abschnitt des Volksparks, der von 1933 bis 1936 nach einem Entwurf von Wilhelm Riemann realisiert wurde. Wo sich einst der Wilmersdorfer See ausbreitete, findet man nunmehr Sportplätze und eine große Liegewiese. Am Zugang Uhlandstraße geht es vorbei am Vereinsgelände des 1. FC Wilmersdorf mit der Gaststätte „Volkspark Baude". Ein kleiner Staudengarten liegt am Wegesrand, man passiert eine Minigolf-Anlage und einen Spielplatz für Kleinkinder. Hinter dem Sportgelände weitet sich der Park zu einem Wiesental, das von einem schmalen Gehölzstreifen gerahmt wird.

Kurz vor der Bundesallee liegt am südlichen Rand der Wiese ein sehr schmucker, abwechslungsreich bepflanzter Staudengarten mit Heckenrosen, japanischen Kirschbäumen und einem Unterstand.

Nördlich der Liegewiese findet man im Schatten der Bäume einen Platz mit Schachbrettern. Von hier aus geht es weiter über den knallgelben Volksparksteg, der seit 1971 die verkehrsreiche Bundesallee überbrückt.

Der Abschnitt zwischen Bundesallee und Kufsteiner Straße ist der älteste Bereich des Wilmersdorfer Volksparks und wurde nach den Plänen Richard Thiemes angelegt – ab 1912, dem Jahr, in dem der neue Park in der Nachbarstadt Schöneberg vollendet wurde. Auftakt ist eine Platzanlage an der Bundesallee mit einem eindrucksvollen Halbrund alter, hoher Pappeln und der Bronzestatue „Speerwerfer" im Zentrum. Die originale Skulptur von Karl Möbius von 1921 wurde am Ende des Zweiten Weltkriegs eingeschmolzen; 1954 entstand der Nachguss.

Erneut bestimmt zunächst eine Liegewiese das Parkgelände. Sie ist von naturnaher Bepflanzung umgeben und leicht gewellt.

Am Ende der Fußgängerbrücke befindet sich ein Hundeauslaufterrain.

Auf das Wiesental folgt ein waldartiger Bereich, der fest in der Hand von Kindern und Jugendlichen ist: Ein großer Spielplatz, ein Bolzplatz und Tischtennisplatten sorgen für ausgelassenes Vergnügen im Schatten der Bäume. Am Hans-Rosenthal-Platz vor dem Rundfunkgebäude („RIAS-Gebäude") befinden sich ein Restaurant mit Biergarten und ein öffentliches WC.

Entlang der Kufsteiner Straße verläuft die Grenze zu Schöneberg, dahinter beginnt der Rudolph-Wilde-Park. Es ist eine unsichtbare Nahtstelle, die der Spaziergänger nicht wahrnimmt.

Wer das 1963 nach dem von 1898 bis 1910 amtierenden ersten Schöneberger Oberbürgermeister Rudolph Wilde benannte Gartendenkmal direkt besuchen möchte, kann dies auf die denkbar bequemste Art tun: Mit der U-Bahn fährt man zum Bahnhof Rathaus Schöneberg. Auf diesem Wege wird auch sogleich klar, mit welcher Besonderheit der Park aufwartet. Die U-Bahn-Station liegt nämlich oberhalb der Erde inmitten der Grünanlage – ein Unikum in Berlin.

Mit dem U-Bahnhof gelang Johann Emil Schaudt, der auch der Architekt des weltbekannten Warenhauses KaDeWe war, trotz schwieriger Bodenverhältnisse in der Senke ein architektonisches Glanzstück. Die 1909/10 erbaute Station ist sowohl Bahnhofshalle als auch aufwendig gestaltete Straßenbrücke (Carl-Zuckmayer-Brücke), die mit Sandstein-Skulpturen repräsentativ dekoriert ist. Zugleich bildet sie zum Park, in dessen Verlauf sie quer errichtet wurde, einen funktionalen wie optischen Bezugspunkt. Dank großflächiger Fenster erscheint der Bahnhof nicht als Barriere, sondern erlaubt Durchblicke. Mehr noch, das Bauwerk wirkt dadurch wie eine klassische Orangerie und wird nicht als U-Bahn-Station wahrgenommen. Das Dach, zu dem Freitreppen führen, erfüllt den Zweck einer Terrasse mit Aussicht auf die Grünanlage.

Mit dem Park, der nach der Realisierung der U-Bahn-Station unter der Leitung von Friedrich Gerlach bis 1912 angelegt wurde, entstand ein harmonisches Ensemble.

Zum Rathaus hin verschmelzen Grünanlage und Bauwerk zu einer architektonischen Einheit, einer städtischen Schmuckanlage mit halbrunder Terrasse gegenüber dem Bahnhof und dazwischen liegender Wiese. Der Gestaltung lag ein Entwurf von Paul Wolf zugrunde. Die mit Sandsteinvasen verzierte Brüstung der Terrasse ist im gleichen Stil gehalten wie die Architektur Schaudts. Die hufeisenförmige Promenade rund um die Wiese besteht aus einer doppelten Reihe Platanen. Zahlreiche weiße Bänke unterstreichen den Charakter einer der Erholung dienenden Ruhezone.

Im Zentrum der Terrasse steht der Hirschbrunnen, das Wahrzeichen des Parks. In der Mitte eines runden Springbrunnens erhebt sich eine acht Meter hohe Säule, auf der ein vergoldeter Hirsch mit prächtigem Geweih steht. Das Wappentier Schönebergs schuf Bildhauer August Gaul 1912. Der Hirschbrunnen ist auch Treffpunkt für passionierte Boule-Spieler. In seiner Nähe, am Zugang vom Rathaus, liegt der Biergarten „Platz-Hirsch" unter Bäumen verborgen.

Westlich des U-Bahnhofs hat der Rudolph-Wilde-Park einen landschaftlichen Charakter. Unterstrichen wird dies gleich zum Auftakt mit einem Teich, der direkt vor dem Verkehrsbauwerk liegt. Das Ufer ist naturnah geformt und bepflanzt. Wer dem Konzert der Frösche lauschen möchte, kann sich auf die schmale Terrasse vor der Bahnhofsfront setzen. Einst schmückten prächtige Kübelpflanzen und Blumenbeete die Plattform knapp über dem Wasserspiegel.

Vom Teich aus erstreckt sich malerisch eine Wiese in der

natürlich wirkenden Senke, die von einzelnen Bäumen bestanden und beiderseits von Gehölz gerahmt wird. Ein leicht geschwungener Weg führt durch die Niederung. In der Böschung verlaufen Wege mit Ruhezonen und Bänken.

Am Ende der Wiese stehen alte, hohe Eichen. Ein monumentales Denkmal für die im Ersten Weltkrieg Gefallenen der Eisenbahntruppen wurde 1928 an der Freiherr-vom-Stein-Straße aufgestellt.

Die Kufsteiner Straße ist erreicht, der Volkspark Wilmersdorf beginnt.

Rudolph-Wilde-Park
Martin-Luther-, Fritz-Elsas-, Freiherr-vom-Stein-Straße, 10825 Berlin
Friedrich Gerlach, Paul Wolf 1910–12
PlatzHirsch: April–Okt. tgl. ab 11 Uhr; Tel. 7848076

▷ U Rathaus Schöneberg

Volkspark Wilmersdorf
Wallenbergstraße, Blissestraße, Am Volkspark, 10715 Berlin
Richard Thieme 1912–20; Wilhelm Riemann 1933–36; Eberhard Fink und Karl Schmidt 1960–65

▷ U Blissestraße, S/U Bundesallee

Volkspark Jungfernheide

Der Gartenarchitekt Erwin Barth (1880–1933) äußerte sich einst begeistert über den schönen alten Baumbestand in der Jungfernheide: Der ausgedehnte Mischwald nördlich von Charlottenburg sei „eine Art Naturdenkmal". Sein Entwurf für den Volkspark Jungfernheide aus dem Jahr 1920 respektierte daher den natürlichen Wuchs und vermied, trotz der gewaltigen Dimensionen der Grünanlage, unnötige Eingriffe.

Heute ist es erstaunlich, was sich unter den Kronen der hochgewachsenen Bäume abspielt. Wagemutige Menschen klettern, hangeln und balancieren in luftiger Höhe mehr oder weniger geschickt zwischen den Stämmen. Mit haushoch gehängten Seilen, Netzen und Holzbohlen lockt Berlins größter Kletterwald erlebnishungrige Zeitgenossen in die Jungfernheide. Auf unterschiedlich schwierigen und langen Parcours können sich Flachlandbewohner im Kampf mit der Schwerkraft beweisen.

Der Volkspark Jungfernheide ist damit heute wie damals auf der Höhe seiner Zeit. Von Anfang an war er dafür gedacht, den

Großstädtern viel Raum für ihren Bewegungsdrang und unterschiedlichste Aktivitäten zu bieten.

Das Ende der Monarchie in Deutschland machte endgültig den Weg frei, mit zeitgemäßen kommunalen Einrichtungen die Bedürfnisse breiter Schichten der Bevölkerung zu befriedigen. 1922 genehmigten die Stadtverordneten von Berlin – trotz Geldmangels – den Bau von zwölf Freiflächenanlagen, darunter großen Volksparks. Der Volkspark Jungfernheide war das erste Grünprojekt, das in der Weimarer Republik realisiert wurde. Praktischerweise lagen die Pläne für einen Park südlich des Hohenzollernkanals schon in den Schubladen der zuvor selbständigen Stadt Charlottenburg. Die wohlhabende Gemeinde hatte den Erholungswert des königlich-preußischen Besitzes erkannt und nach der Jahrhundertwende rund 200 Hektar der Jungfernheide vom Fiskus erworben.

Bis 1800 hatten Hofgesellschaften im Forst gejagt, nach 1824 hatte das Militär Teile des Geländes für Übungen genutzt. In die Schlagzeilen war die Jungfernheide durch den gewaltsamen Tod des Berliner Polizeipräsidenten Ludwig Friedrich von Hinckeldey (1805–56) geraten. Der für sein rigoroses Vorgehen berüchtigte und mit weitreichenden Vollmachten ausgestattete Beamte hatte mit der Schließung eines Spielklubs, in dem sich der Adel amüsierte, die standesgemäße Reaktion eines preußischen Junkers provoziert. Bei einem Pistolenduell in der Jungfernheide Anfang 1856 wurde Hinckeldey tödlich getroffen. Den Ort des Geschehens markiert ein Gedenkstein.

Als 1920 Groß-Berlin aus der Taufe gehoben und damit die Stadt Charlottenburg eingemeindet wurde, fiel auch das bisher nicht realisierte Park-Vorhaben in der Jungfernheide in die Zuständigkeit der neuen Metropole. Die bereits erarbeiteten Pläne des Charlottenburger Gartendirektors Erwin Barth erfüllten nicht nur die Forderungen nach Licht, Luft und Sonne für jedermann. Auch die darin enthaltenen Freizeitanlagen waren vorbildlich.

An Barths Entwurf erfreuen sich noch heute die Besucher. Ein großer Teich dient am westlichen Ufer als Freibad (mit Café) und am östlichen Ufer als Planschbecken für Kinder. Im Winter umkurven Schlittschuhläufer die Insel im Gewässer. Nördlich des Badesees befinden sich Sportplätze, südlich ist die Freilichtbühne („Gustav-Böß-Bühne“) mit einem Biergarten („Kultur-Biergarten“) zu finden.

Die zentrale Wald- und Wiesenlandschaft des Parks gehört ganz den Heranwachsenden. Im nördlichen Waldrand neben dem Sandstrand können sie sich auf Spiel- und Bolzplätzen austoben. Das waldartige Revier im Süden ist für Kindererholungsstätten reserviert. Diese ursprünglich für 8000 Kinder konzipierte eingefriedete Anlage mit Unterkunftshäusern wird für Erlebnisferien genutzt, die der Bezirk Charlottenburg-Wilmersdorf organisiert.

Mit dem ersten „Volks- und Kinderfest“ im August 1924 wurde unterstrichen, welchem Zweck der zweitgrößte Park Berlins dienen sollte. Zufrieden zeigte sich Gartenkünstler Barth über den Zuspruch der Kleinsten für seinen Strand: „Wer jemals eine solche Planschwiese, von Tausenden von Kindern benutzt, gesehen hat, dieses bunte Bild mit dem (...) so ungemein vergnügten Lärm, dem wird das Herz aufgehen für solche Einrichtungen.“

Trotz des legeren Freizeitcharakters des Volksparks ist die Struktur des rund 145 Hektar großen Geländes erstaunlich prägnant. Auffällig ist die akkurate Wegführung. Der Teich besteht aus geometrisch angelegten Uferlinien und wird durch eine fast quadratische Insel in zwei Bereiche geteilt. An dem hufeisenförmigen Rundweg, der auf einer Länge von vier Kilometer durch den gesamten Wald führt, ist die Handschrift des Jugendstils unverkennbar.

Barth ging bei der Gestaltung seiner Grünanlagen sehr pragmatisch vor. „Die gute Gartenkunst kann sich besonders bei der Anlage von Volksparks nicht an irgendeinen Kunststil klammern, sie muss sich in erster Linie den praktischen Erfordernissen anpassen“, schrieb er 1929. Grundlage seiner Arbeit waren stets die „örtlichen Verhältnisse“. Im Fall der Jungfernheide bestanden diese in einer natürlichen Senke, die ihn zu einer axialen Anordnung der Freiflächen anregte. In West-Ost-Richtung reihen sich der Badesee und zwei Liegewiesen, die sich im Herbst gut zum Drachensteigen eignen, aneinander. Den östlichen Abschluss der von Gehölz flankierten Schneise betont ein Wasserturm auf einer leichten Anhöhe. Entworfen wurde der 38 Meter hohe Turm mit expressionistischen Anklängen von Walter Helmcke. Das 1926/27 errichtete Bauwerk bekam 1985 einen offenen Sockelbau mit sternförmiger Überdachung, in dem sich ein Imbiss befindet. Verwendet wurden dabei Entwürfe Helmckes. Mit Terrasse und umliegendem Rasenrondell, das von einer Hainbuchenhecke umschlossen ist, ist der Wasserturm ein schöner Ort zum Entspannen.

Vom Rondell gehen Richtung Osten fächerförmig Alleen ab. Die Allee im Verlauf der Längsachse führte einst zum Haupteingang, der wegen der neugebauten Stadtautobahn an den Heckerdamm verlegt wurde. Dort flankieren zwei Muschelkalkplastiken mit dem Namen „Bären mit spielenden Kindern“, entworfen um 1925 von Hermann Pagels, den Zugang.

Zwischen Eingang und Wasserturm erstreckt sich der erwähnte „Waldhochseilgarten“, die neueste Attraktion der Jungfernheide, wo sich Besucher in bis zu 17 Meter Höhe an Bäumen entlanghangeln können.

Heckerdamm, Jungfernheideweg, Saatwinkler Damm, 13627 Berlin
Erwin Barth 1920–23
Waldhochseilgarten: Mo–Fr ab 11 Uhr, Sa/So ab 9 Uhr;
Tel. 34 09 48 18; www.waldhochseilgarten-jungfernheide.de

▷ U Halemweg, U Jakob-Kaiser-Platz, Bus M21

Volkspark Rehberge

Der Volkspark Rehberge im Stadtteil Wedding gehört zu den eindrucksvollsten Parkanlagen Berlins. Mit einer Fläche von mehr als 80 Hektar bietet er unvergleichlich großzügige Landschaftsbilder und eine gelungene Mischung aus weitläufigen Bereichen und Anlagen für Freizeit und Sport. Vital wirkt der hochgewachsene und üppige Baumbestand des in den 1920er Jahren entstandenen Parks. Der Volkspark ist sicher der Höhepunkt der Berliner Grüngestaltung in der Zeit der Weimarer Republik.

Das Gelände, das ursprünglich zum Forst Jungfernheide gehörte, hatte sich zunächst Karl Hagenbeck, der mit seinen exotischen Tier- und Menschen-Schauen berühmt gewordene Hamburger Zirkusimpressario, als Standort für einen Tierpark ausgeguckt. Der Ausbruch des Ersten Weltkriegs machte diese Pläne jedoch zunichte. Im eisigen Nachkriegswinter 1919/20 wurde das Forstgebiet Rehberge rücksichtslos für Brennholz gerodet und verwandelte sich in eine sandige Wüste.

Als die junge Weimarer Republik sich politisch und wirtschaftlich gefestigt hatte, sollte die unwirtliche Gegend mit ihren kahlen Dünen begrünt werden. Ein mustergültiger Volkspark am Rande der Innenstadt sollte entstehen, mit einem Sportstadion, Tennisplätzen, Vergnügungsstätten, einer Tanzfläche, einer Rodelbahn und einem Wildgehege.

Die Realisierung des ehrgeizigen Projekts fiel in die Amtszeit des vierten Gartendirektors von Berlin, Erwin Barth (1880 bis 1933), der diesen Posten von 1926 bis 1929 bekleidete. Barth knüpfte an die Ideenskizze seines Vorgängers Albert Brodersen an, die insbesondere die waldartige Bepflanzung des halbmondförmigen Höhenzuges vorsah. „Innerhalb dieses Höhenzuges liegen die Sportplätze für das organisierte Spiel“ und „eine rechteckige, etwa 4 Hektar große Wiese“, erläuterte der Gartenarchitekt die prägenden Elemente des Entwurfs. Barth folgte konsequent seinem Grundsatz, öffentliche Grünanlagen „so großzügig und einfach wie möglich dem Zweck entsprechend zu gestalten. Jeder unnötige Zierrat, die Verzettelung einzelner Blumenbeete sowie allzu kleine Anlagen sind zu vermeiden.“ Gleichwohl schuf er eine abwechslungsreiche Landschaft mit monumental wirkenden Bereichen. Beeindruckend ist die zentrale Spielwiese. Die riesige rechteckige Rasenfläche liegt tiefer als die umgebenden Alleen. In Verbindung mit dem Wald auf dem rahmenden Höhenzug ähnelt das Ensemble dadurch einem Stadion und bildet einen der faszinierendsten Parkräume Berlins. Unterstützt wird dieser Eindruck durch den breiten Hauptzugang, der am östlichen Ende der Längsachse liegt. Von der Afrikanischen Straße kommend, führt er unter einer wuchtigen Steinbrücke hindurch, über die der Rundweg auf dem Hügelrücken entlangläuft. Am Rande des grünen Forums befindet sich die Bronzestatue zweier Ringer von Wilhelm Haverkamp (1906). An diesem Standort liegt auch das „Park-Café-Rehberge“ mit Biergarten.

Über sanft ansteigende Wege an der südlichen Flanke der Spielwiese gelangt man zur Promenade (Carl-Leid-Weg) auf dem Hügel. Dort führt eine Ahornallee zu einer weiteren Attraktion des Parks: „Vom höchsten Punkte aus erstreckt sich nach Westen eine Rodelbahn mit 16 Metern Gefälle", schreibt Barth. Gesäumt ist diese lange Strecke von waldartigem Gehölz. Folgt man dem Abhang, kommt man zum Tiergehege, wo Wildschweine und Damwild gehalten werden.

Auf der Anhöhe vor dem Rodelabhang befindet sich der extravagante Rathenau-Brunnen, der 1930 zum Gedenken an Emil und Walther Rathenau aufgestellt wurde. In einer Brunnenschale steht eine monumentale Schraube aus Bronze, ein Werk des Bildhauers Georg Kolbe. Das Denkmal zu Ehren des AEG-Gründers Emil Rathenau (1838–1915) und seines Sohnes, des liberalen Politikers und Außenministers Walther Rathenau (1867–1922), der bei einem Attentat starb, wurde 1934 von den Nationalsozialisten demontiert und eingeschmolzen. Anlässlich der 750-Jahr-Feier Berlins 1987 wurde der Brunnen durch Harald Haake wiederhergestellt. Die „Steuerschraube" ist seitdem wieder ein Wahrzeichen des Stadtteils Wedding.

Trotz der imposanten Maßstäbe ist der Volkspark Rehberge eine bis ins Detail ausgefeilte Komposition. Dank der geschickt inszenierten Randbepflanzung wirken die Freiflächen weder öde noch fad. „Bei allen diesen sozialen Einrichtungen soll man aber nicht vergessen, dass in jedem Park die Pflanze das Hauptbaumaterial ist und dass man die Pflanzungen so anordnen soll, dass interessante, abwechslungsreiche Parkbilder entstehen", schrieb Barth 1929, im Eröffnungsjahr der Rehberge. Mit dem bedeutendsten Werk seiner Amtszeit hatte er seinen gestalterischen Anspruch hervorragend erfüllt.

Lichte Birkenhaine sind zu finden, ebenso große Nadelbaumbereiche aus Kiefern und Fichten, die jeweils an märkische Wälder erinnern. Die natürlich wirkende Schöpfung ist heute ein Paradies für Vögel. Rund 30 Vogelarten brüten in der Grünanlage, darunter die Nachtigall, der Eichelhäher und das Rotkehlchen.

Auch drei Wasserflächen sind Bestandteil des Volksparks. Die Teiche Entenpfuhl, Sperlingsee und Möwensee bilden eine Kette direkt neben der Windhuker Straße – eine idyllische Zone für Spaziergänge.

Im nördlichen Bereich mit Zugang von der Windhuker Straße befindet sich die Freilichtbühne aus den Jahren 1935/36 mit mehr als 3000 Plätzen, die im Sommer als Open-Air-Kino genutzt wird. Der stark ansteigende Zuschauerbereich des beliebten Freiluftkinos Rehberge ähnelt dem eines Amphitheaters.

Gleich gegenüber kann man sich im Café „Schatulle“ stärken. Auch eine kleine Volière mit Gänsen liegt in der Nähe.

Der Grünbereich des Volksparks wird durch den direkt benachbarten Goethepark, der an die Transvaalstraße grenzt, erweitert. Die kleine Grünanlage erstreckt sich über welliges Gelände mit geschwungener Wegführung und zahlreichen Treppen. An einem Rhododendronhain erinnert ein Goethe-Gedenkstein aus den 1950er Jahren an den Dichter.

In unmittelbarer Nähe beider Parks befindet sich am Dohnagestell der Plötzensee mit Freibad.

Windhuker Straße, Afrikanische Straße, Transvaalstraße, Dohnagestell, 13351 Berlin
Albert Brodersen und Erwin Barth 1922–29
Park-Café Rehberge und Biergarten: Eingang Afrikanische Straße; Mo–Sa ab 11 Uhr, So ab 9.30 Uhr
Freiluftkino Rehberge: Windhuker Straße, Ecke Petersallee; Tel. 29 36 16 20; www.freiluftkino-rehberge.de

▷ U Afrikanische Straße, U Rehberge, Tram M13

Volkspark Hasenheide

Der Volkspark Hasenheide in Neukölln hat einen schlechten Ruf. In der Tat ähneln gewisse Bereiche eher einem florierenden Drogenbasar als einer Grünanlage. Gerät der Ortsunkundige unverhofft in einen solchen Abschnitt, mögen ihm manche Szenen durchaus surreal erscheinen. Für sentimentale, romantische Seelen ist die Hasenheide sicher kein geeignetes Ausflugsziel. Doch trotz der sichtbaren Probleme bietet der Volkspark abseits der finsteren Winkel viel Platz für entspannte Erholung. Besonders das Angebot für Kinder ist beachtenswert. Hervorzuheben sind der Tierpark Neukölln und der große Spielplatz „Märchen aus 1001 Nacht".

Der Tierpark – auch „Naturhaus in der Hasenheide" genannt – geht über das hinaus, was in Volksparks üblicherweise an Streichelzoos oder Wildgehegen zu finden ist. Nahe der Straße Hasenheide erstreckt sich ein baumreiches Areal, in dem Tiere aus verschiedenen Kontinenten leben. Ein Emu aus Australien zählt ebenso dazu wie Kashmir-Ziegen aus Asien oder Alpakas aus Südamerika. Friedlich grast ein „Hansyak“ genanntes Rind aus dem Himalaja neben einem schottischen Hochlandrind. Ponys, Esel, Damwild, Ziegen und Pfauen erfreuen die Heranwachsenden. Der liebevoll angelegte Mini-Zoo, für den kein Eintritt verlangt wird, soll vergrößert und durch einen Baumlehrpfad ergänzt werden, der sich südlich anschließen wird.

In zentraler Lage ist der aufwendig gestaltete Märchen-Spielplatz zu finden: Hier klettern und tollen die Kinder unter hohen Holzpalmen oder entern ein Piratenschiff. Aus Holz gefertigte Kamele, eine Riesenkobra und osmanische Dächer machen die orientalische Illusion perfekt.

Nachbar des Spielplatzes ist das Freiluftkino Hasenheide mit 1000 Plätzen, das von 1955 bis 1958 als Naturtheater angelegt wurde. Aus derselben Zeit stammt auch die „Hasenschänke“, ein Imbiss-Pavillon in zeittypischer Architektur mit Vorplatz, der im Sommer als Café genutzt wird. Die Vergnügungsorte konzentrieren sich im Zentrum der Hasenheide, im Verlauf der Karlsgartenstraße.

1987 entstand neben dem Pavillon ein Rosengarten mit dem Grundriss eines Rondells. Mit Pergolen, Bänken und einem Brunnen ist der eingefriedete Garten ein Ruhepol im Park.

In gewisser Weise knüpft der Tierpark an den Ursprung des Parks an, dessen putzig klingender Name erstmals 1678 erwähnt wird. Die Hasenheide war nämlich tatsächlich einmal ein eingezäuntes Terrain, in dem die Vierbeiner mit den langen Löffeln gehalten wurden – auf Wunsch des Großen Kurfürsten, der sich damit saftige Braten für die Tafel am Hof sicherte. Unter seinen Thronfolgern okkupierte das Militär das Freigelände südlich der Residenzstadt. Eine Radierung aus der Zeit um 1730 zeigt eine große Parade des Regiments Gens d’Armes für König Friedrich Wilhelm I. in der Hasenheide. Im 19. Jahrhundert nutzte das preußische Heer große Teile des Geländes als Übungs- und Schießplatz. Zugleich bot das waldartige

Areal ab Mitte des 19. Jahrhunderts aber auch jede Menge Freiraum für volkstümliches Vergnügen mit Karussells und allerlei Kuriositäten.

Über die Stadtgrenzen hinaus bekannt wurde das Gebiet durch Friedrich Ludwig Jahn (1778–1852), der in der Hasenheide erstmals öffentlich Gymnastikübungen durchführte. Den ersten deutschen Turnplatz richtete er dort 1811 gemeinsam mit Karl Friedrich Friesen (1784–1814) ein. Die Leibesübungen unter Kieferbäumen, verknüpft mit freiheitlichem Gedankengut, waren der preußischen Krone zunächst suspekt. Jahn wurde 1819 als Demagoge verhaftet und das Turnen in der Hasenheide 1820 verboten.

Unter König Friedrich Wilhelm IV. fiel das Turnverbot, und 1843 konnte in der Hasenheide ein neuer Turnplatz errichtet werden. Eine jahrhundertealte Eiche mit gut fünf Meter Stammumfang an der Fontanestraße, Ecke Karlsgartenstraße gehört zu den Kultorten in der Geschichte des Turnens. An den Ästen der Jahn-Eiche soll der Turnvater den ersten Schülern Recküungen beigebracht haben.

Nach dem Tod Jahns wollten die Berliner Turnvereine ihm am Ort seines Wirkens ein Denkmal setzen. Erdmann Encke entwarf das Bronzestandbild, das 1872 in der Hasenheide enthüllt wurde. Beeindruckend sind die über 130 Gruß- und Gedenktafeln, die von Turnvereinen aus aller Welt stammen und den Denkmalssockel zieren.

Für seinen Wegbegleiter Friesen schuf bereits Jahn den Friesenhügel mit Gedenkstein am östlichen Parkweg unweit der Jahn-Eiche.

Der landschaftlich gestaltete Park in seiner heutigen Gestalt entstand in Zusammenhang mit dem Bau des ehemaligen Flughafens Tempelhof in der NS-Zeit. Dem raumgreifenden Komplex fiel nämlich einer der großen Volksparks der Weimarer Zeit zum Opfer. Dieser 1919–25 auf dem Tempelhofer Feld und einem Teilbereich der Hasenheide errichtete Park besaß mit 85 Hektar eine beachtliche Größe. Als Ersatz für die verlorengegangene Grünfläche leitete Stadtgartendirektor Joseph Pertl (1899–1989) im Jahr 1936 die Neugestaltung der Hasenheide auf dem heutigen Areal in die Wege. Der Bereich der alten preußischen Schießstände wurde dabei einbezogen. Die ersten Umbauarbeiten betrafen das Jahn-Denkmal, das 80 Meter nach Süden an seinen heutigen Standort verlegt wurde. Ein erhöhter Aufmarschplatz entstand quer zur Statue. Der Jahn-Hain, zu dem zwei symmetrisch angeordnete Wege von der Straße Hasenheide führen, wurde am letzten Tag der Olympischen Spiele 1936 eingeweiht.

Durch den Zweiten Weltkrieg unterbrochen, konnten die Arbeiten am Park 1951 fortgesetzt werden. Im Westen des bewegten Geländes türmte man aus Trümmerschutt die „Rixdorfer Höhe“ auf, einen begrünten, 27 Meter hohen Hügel, zu dessen oberstem Plateau verschlungene Wege führen. Wegen des dichten Baumwuchses, darunter viel Nadelgehölz, hat man hier allerdings keine Fernsicht.

Am Fuße des Schuttberges erinnert ein Denkmal an die knochenharte Arbeit der Trümmerfrauen, die nach dem Ende des Weltkriegs wiederverwendbare Backsteine aus den Ruinen bargen und den Schutt abräumten. Die Skulptur am Eingang gegenüber der Graefestraße ist ein Werk der Bildhauerin Katharina Singer von 1955. An diesem Zugang befindet sich eine Minigolf-Anlage.

Die Hasenheide, die Richtung Süden allmählich ansteigt, ist rund 50 Hektar groß.

Hasenheide, Karlsgartenstraße, Columbiadamm, 12049 Berlin
Joseph Pertl 1936–39; Kurth Pöthig 1948–53
Freiluftkino Hasenheide: Tel.: 283 46 03;
www.freiluftkino-hasenheide.de

▷ U Hermannplatz, U Boddinstraße, U Südstern

Der Stadt zum Schmuck

Viktoriapark

Für gut 100 Jahre stillte einzig der Viktoriapark die Sehnsucht nach Grün im Kreuzberger Häusermeer. Das ist heute glücklicherweise nicht mehr so. Doch trotz zahlreicher Alternativen ist der Park noch immer beliebt und gut besucht. Bei Hochbetrieb stehen Tische und Stühle für das Familienpicknick schon mal im Teich, und im zentralen Biergarten sind die berühmten Kieznächte so lang wie eh und je. Bei Regenwetter kommen dagegen Romantiker voll auf ihre Kosten.

Das Jahr 1888, in dem Berlin sich entschloss, am Kreuzberg einen Park anzulegen, war ein Schicksalsjahr. Im März hatte mit Kaiser Friedrich III. (1831–1888) ein liberal gesonnener Hohenzoller den Thron bestiegen, der eine Stärkung des Parlaments befürwortete. Seine englische Gemahlin Viktoria (1840–1901), Tochter der legendären Queen Victoria, war eine Kritikern der Militärtradition und des Hegemonialstrebens Preußens. Nach nur 99 Tagen Regentschaft war jedoch die Hoffnung auf Liberalisierung des noch jungen Deutschen Reiches dahin: Der besonnene Monarch starb, und unter seinem Sohn und Nachfolger Wilhelm II. (1859–1941) begann das Wettrüsten, das Europa schließlich in die Katastrophe führen sollte.

Zur Erinnerung an die Kaiserin aus englischem Königshaus, die Deutschland nur kurze Zeit vergönnt war, erhielt das Grünprojekt am Kreuzberg den Namen Viktoriapark. Eine britische Note sucht man hier jedoch vergebens. Mit seinem wilden Wasserfall in felsiger Bergkulisse hat dieser Park vielmehr einen zutiefst romantischen Charakter und spiegelt damit den als typisch deutsch geltenden Hang zur Naturverklärung wider – einen Wesenszug, der sich im 19. Jahrhundert besonders in den bildenden Künsten voll entfaltete. Die spektakuläre Landschaftsinszenierung passte hervorragend zu dem Nationalmonument auf der Spitze des Kreuzbergs, das als ein Meisterwerk der romantischen Neugotik gilt. Das Denkmal war schließlich auch der Grund, weshalb der Park im damaligen Süden Berlins angelegt wurde.

Für fast 70 Jahre hatte das imposant-filigrane Denkmal, das an den Sieg der Allianz gegen Napoleon in den Befreiungskriegen erinnert, in einer natürlichen und ungeschmückten, also eher kargen und vor allem sandigen Umgebung gestanden. Der Tempelhofer Berg, wie die Erhebung ursprünglich hieß, war der höchste im Umland der preußischen Residenzstadt. Bis ins 18. Jahrhundert hinein nutzte man die Hanglange im Übergang vom Spreetal zur Teltower Hochfläche für den Weinbau. Mit dem Entwurf des Denkmals wurde der unkonventionelle Baumeister Karl Friedrich Schinkel beauftragt. Am 11. September 1818 fand die Grundsteinlegung statt. Am 30. März 1821 wurde das Nationaldenkmal in Gegenwart des Königs Friedrich Wilhelm III. (1770–1840) und des russischen Thronfolgers Nikolaus I. (1796–1855) feierlich enthüllt.

Karl Friedrich Schinkel nutzte einen damals modernen Werkstoff für sein Monument: Gusseisen. Das Material galt als vaterländisch, ebenso wie der gotische Stil, der bei der Gestaltung zum Tragen kam. Die zwölf Figuren schufen Christian Daniel Rauch, Christian Friedrich Tieck und Ludwig Wichmann. Sie tragen Porträts von Mitgliedern des Königshauses und der preußischen Generalität und symbolisieren die entscheidenden Etappen der Befreiungskriege 1813–15, etwa die Schlachten bei Großgörschen im Mai 1813, bei Leipzig am 18. Oktober 1813, bei Paris im März 1814 und bei Belle-Alliance (Waterloo) am 18. Juni 1815. Das Eiserne Kreuz, der im Krieg gegen Napoleon gestiftete Verdienstorden, bildet den Grundriss des Denkmals. Der Orden, ebenfalls von Schinkel entworfen, war der erste, der unabhängig von der gesellschaftlichen Stellung verliehen wurde, und galt daher auch als Zeichen der bürgerlichen Emanzipation. Nach dieser neuen preußischen Auszeichnung wurde die Anhöhe anlässlich der Einweihung des Denkmals in „Kreuzberg" umbenannt.

Die Spitze des Kreuzbergs liegt 66 Meter über dem Meeresspiegel. Um zum Monument zu gelangen, müssen jedoch nur rund 36 Meter Höhenunterschied bewältigt werden. 1878, als Berlin sich ausgedehnt hatte und rings um den Kreuzberg Wohnhäuser in die Höhe wuchsen, wurde das Denkmal auf einen acht Meter hohen Sockel gehievt, damit es aus der Ferne erkennbar blieb. Im Zuge des Umbaus richtete man das Monument zur neuen Großbeerenstraße aus. Der achteckige Sockel stammt von Johann Heinrich Strack, dessen Siegessäule damals dem Werk Schinkels den Rang als nationales Symbol abgelaufen hatte. Insgesamt aber behandelte man den Gedenkort weiterhin stiefmütterlich. Bedrohlich nah war bereits eine Brauerei an der Südflanke herangerückt.

Erst zehn Jahre später bemühte man sich ernsthaft, dem Nationaldenkmal einen würdigen Rahmen zu geben. Dazu kaufte der preußische Staat das umliegende Gelände und übergab es der Stadt Berlin. Gartendirektor Hermann Mächtig (1837 bis 1909) schlug in seinem ersten Entwurf eine geradlinige Kaskade aus mehreren Terrassen vor, die vom Monument bis zur Kreuzbergstraße hinabführte. Zahlreiche Skulpturen sollten die Anlage zusätzlich schmücken. Diese strenge und staatstragende Gestaltung fand jedoch keinen Beifall bei den Stadtvätern. Erst mit der Idee zu einem Wasserfall konnte Mächtig überzeugen: „Es soll ein natürlicher Wasserabsturz in der Achse der Großbeerenstraße sein, der so gedacht ist, dass er, den schroff abfallenden Hang hinab, als eine zusammenhängende Wassermasse wirkt, welche jedoch ... einen malerischen Eindruck hervorruft", erklärte der Gartengestalter seinen überarbeiteten Vorschlag, der schließlich genehmigt wurde.

So erhielt Berlin 1894 eine täuschend echte Gebirgslandschaft, die dem Zackelfall im Riesengebirge nachempfunden sein soll. Grobes Felsgestein und typische Mittelgebirgsflora machen die Illusion perfekt. An verschiedenen Stellen kann man sich dem herabstürzenden Wasser nähern und sich seinem Rauschen hingeben. Das wild-romantische Spektakel hat an Anziehungskraft nichts eingebüßt. Auch der Aufstieg über die verschlungenen und engen Pfade zur Spitze des Kreuzberges ist ein Muss: Vom Denkmalsockel aus hat man eine konkurrenzlose Aussicht auf die Berliner Innenstadt.

Neben dieser Hauptattraktion bietet der Viktoriapark zwei weitere Naturinszenierungen. Beide wirken durch ihre Abgeschiedenheit eher still und verträumt. Da ist zum einem die „Wolfsschlucht", die in einer Kiesgrube östlich des Denkmals entstand. Hier fühlt man sich regelrecht in den Schwarzwald versetzt. Aus drei Quellen plätschert Wasser in einen Tümpel, der vor einer glatten, steilen Felswand tief unterhalb des Weges liegt. Mit dichtem Bewuchs und Laubdach wirkt dieses kleine Wunderwerk sehr natürlich. Geländer aus Knüppelholz säumen den Weg.

Das zweite grüne Kleinod befindet sich westlich des Teichs, in den der 24 Meter hohe Wasserfall sich ergießt. Hier, vor der Hangkante und hinter den historischen Parkgebäuden an der

Kreuzbergstraße, legte Mächtig malerische Gewässer an, teils als Teich, teils als Bächlein.

Gärtnerhaus und Maschinenhaus entstanden von 1892 bis 1894 und werden heute als Gaststätte bzw. für ein kleines Tiergehege genutzt.

Am Endpunkt des Wasserfalls steht eine erotisch anmutende Bronzeskulptur von Ernst Gustav Herter aus dem Jahr 1896 mit dem Namen „Seltener Fang".

Der Viktoriapark war noch nicht fertiggestellt, da stellte sich bereits ein noch heute stadtbekanntes Problem ein: Das „Umherlaufen und Führen von Hunden" müsse schleunigst unterbunden werden, forderte der Polizeipräsident 1891 in einem Schreiben an den Magistrat.

Der von Mächtig gestaltete Park hatte nicht die Ausdehnung der heutigen Grünanlage, sondern reichte nur bis zur Linie Möckernstraße. Es schloss sich ein Militärgelände an, das erst 1913 dem Park zugeschlagen und durch Mächtigs Nachfolger, Albert Brodersen (1857–1930), bis 1916 gestaltet wurde. Dieser Bereich unterscheidet sich deutlich vom reich- und dichtbepflanzten Gebirgsszenario. Eine weite, mit sanften Hügeln modellierte Wiesenfläche bietet den Parkbesuchern viel Platz. Eine rahmende Baum- und Strauchbepflanzung schließt den Park gegen die umliegenden Straßen ab. Am Übergang zwischen altem Parkbereich und landschaftlicher Partie ist ein weiterer Gedenkort zu finden: Ein großes Kreuz erinnert an die gewaltsame Niederschlagung des Volksaufstandes in der DDR am 17. Juni 1953.

Seine endgültige Größe von 13 Hektar erhielt der Viktoriapark zwischen 1928 und 1930, als nach Plänen von Erwin Barth und Leo Kloss parallel zur Katzbachstraße eine Sportanlage entstand, die sich bis zur Dudenstraße erstreckt.

An der Nordflanke des frisch sanierten Sportplatzes befinden sich Freizeiteinrichtungen sowohl für die Kleinen als auch für die Großen. Ein Spielplatz mit neuen Holzklettergeräten und einem Sandkasten in Form eines runden Brunnenbeckens nimmt eine große Fläche unter schattigen Bäumen ein. Zwischen Spiel- und Sportplatz behauptet sich seit vielen Jahren erfolgreich das „Golgatha“. Tagsüber Kneipe und Biergarten, verwandelt sich diese Kreuzberger Institution in der Nacht zu einer Diskothek. Obwohl er ein wenig versteckt liegt, kann man den Biergarten leicht finden: Fast alle Wege des neueren Parkteils führen sternförmig auf ihn zu.

Leider sind die Wege ein großes Manko des Viktoriaparks. Sie sind nicht nur allesamt asphaltiert, sondern auch übermäßig breit. Da an Wegen nicht gespart wurde, werden dadurch die Grünflächen beeinträchtigt.

Am Zugang von der Methfesselstraße entstand 1983 ein Rosengarten. Die aus befestigten Beeten bestehende Anlage von Martin Schumann ist nunmehr ein Staudengarten.

Der Viktoriapark wurde als außergewöhnliches Parkkunstwerk des späten 19. Jahrhunderts im Jahr 1980 als erste Grünanlage in West-Berlin unter Denkmalschutz gestellt.

Kreuzberg-, Katzbach-, Methfesselstraße, 10965 Berlin
Hermann Mächtig 1888–94; Albert Brodersen 1913–16
Golgatha: Tgl. ab 10 Uhr

▷ U Platz der Luftbrücke

Stadtpark Lichtenberg

Der Stadtpark Lichtenberg ist die grüne Oase des Bezirks und wird vor allem von Anwohnern der umliegenden Straßenzüge besucht. Trotz der Nähe zum Knotenpunkt Frankfurter Allee geht es hier gelassen zu. Hohe Bäume prägen das Areal an der Möllendorffstraße.

Nachdem sie lange Jahre den Namen des kommunistischen Politikers Jacques Duclos (1896–1975) trug, erinnert die Möllendorffstraße seit ihrer Rückbenennung 1991 wieder an den Gouverneur von Berlin, Generalleutnant Wichard Joachim Heinrich von Möllendorff (1724–1816). 1786, am Ende der Regierungszeit Friedrichs des Großen, erwarb er im Dorf Lichtenberg ein großes Grundstück südwestlich des Ortskerns, um ein herrschaftliches Anwesen mit Herrenhaus zu errichten. Ab 1798 ließ der Militär auf seinem Besitz einen landschaftlichen Garten anlegen, wie es seinerzeit Mode war.

Nach dem Tod Möllendorffs wechselten Haus und Grund mehrere Male die Eigentümer. 1907 erwarb die zur Stadt erhobene Gemeinde Lichtenberg das private Anwesen und wandelte es in einen Park für die Bürger um. Im Zuge der Umgestaltung wurde 1910/11 anstelle des Möllendorff'schen Herrenhauses eine Höhere Knabenschule errichtet. Das Gebäude mit Turm und Pfeilerkolonnade wird seit 1950 als Theater genutzt – heute unter dem Namen „Theater an der Parkaue".

Die Grünanlage der späten Kaiserzeit wurde in der Weimarer Republik und zuletzt im Zusammenhang mit der Eröffnung des Theaters verändert. Der alte Baumbestand überdauerte die Jahrzehnte. Heute reicht der rund sechs Hektar große Park über die Straße Am Stadtpark hinaus bis zur Möllendorffstraße.

Der Parkbereich neben dem Theaterhaus (Parkaue) ist als grüner Vorplatz mit Bänken und Rosenpergolen gestaltet. Dahinter folgen dichte Gehölzgruppen mit Nadelbäumen. In der Böschung neben dem Theater ist ein kleiner befestigter Platz verborgen, dem halbrund gepflanzte Platanen die Form geben. Auch hier gibt es zahlreiche Bänke. Zwei Steinplastiken mit je zwei Bären stehen an beiden Seiten des Halbkreises.

Im Winter wird der kleine Hügel, der aus Weltkriegstrümmern aufgeschüttet wurde, gerne zum Rodeln genutzt.

Im nördlichen Bereich, neben dem Stadion, findet man Spiel- und Bolzplatz sowie ein Volleyballfeld.

Auffällig ist die reiche Ausstattung des Stadtparks mit Plastiken und Tierfiguren. Am Spielplatz findet man Robben, und am Teich stehen Pinguine. Weitere Plastiken auf dem Areal sind „Mutter mit Kind" von Walter Sutkowski, „Mädchen mit Ball" von Christa Sammler und „Drei musizierende Pioniere" von einem unbekannten Künstler.

Möllendorfstraße, Am Stadtpark, Parkaue, 10367 Berlin
1798; 1907–10; 1950er Jahre

▷ S/U Frankfurter Allee, Tram M13, 16

Ludwig-Lesser-Park

Der Ludwig-Lesser-Park ist ein Park ohne Wiese – doch gerade das macht seinen Reiz aus. Das waldartige Gelände eignet sich hervorragend für einen geruhsamen Spaziergang. Verlaufen kann man sich dabei nicht, denn so urig der Ludwig-Lesser-Park ist, so überschaubar ist er in seinen Ausmaßen. Ein Besuch ist auch deshalb ein Gewinn, weil man hier in die zauberhafteste Gartenstadt Berlins eintaucht.

Mit der Gartenstadt sollte der Gegensatz von Stadt und Natur, wie er sich insbesondere durch die Industrialisierung verfestigt hatte, aufgehoben werden. Der Gedanke eines grünen Stadtquartiers war im 19. Jahrhundert in England, dem Mutterland des modernen Kapitalismus, als Zukunftsmodell ersonnen worden. An der naturnahen Peripherie der großen Städte entstanden Wohnviertel mit einem hohen Anteil an Grünanlagen und Gärten. Das Konzept eines humanen Städtebaus, wie es der Brite Ebenezer Howard 1898 veröffentlichte, fand auch in Deutschland zahlreiche Anhänger.

Im Großraum der hochverdichteten Metropole Berlin wurde diese Idee erstmals 1910 mit der Gartenstadt Frohnau umgesetzt. Rund 17 Kilometer nördlich des Molochs bot die Immobiliengesellschaft „Berlin-Terrain-Centrale" für die mittlere und gehobene Bürgerschicht Bauland in einem „hügeligen Waldgelände mit vielen Naturschönheiten" an. Neben Bahnanschluss, gepflasterten Straßen und modernem Komfort lockten die Käufer alle „Annehmlichkeiten des Landlebens". Der Kiefernwald in der Stolper Heide gehörte dem sagenhaft reichen Grafen Guido Henckel Fürst von Donnersmarck (1830 bis 1916). Der Bebauungsplan stammte von den Architekten Joseph Brix (1859–1943) und Felix Genzmer (1856–1929). Er sah geschwungene Straßenführungen vor, die sich der gegebenen Geländeform mit zahlreichen Dünen anpassten. Für das Grünkonzept mit Alleen, Schmuckplätzen und kleinen Parks war der Gartenarchitekt Ludwig Lesser (1869–1957) verantwortlich.

Lesser gehörte zu den Fachleuten, die sich nach der Jahrhundertwende für eine fortschrittliche, an den Bedürfnissen der Stadtbewohner orientierte Grünpolitik einsetzten. Als Fürsprecher der Volkspark-Idee gründete er 1913 mit Dr. Ernst Schultze den „Deutschen Volksparkbund". Drei Jahre zuvor hatte Lesser auf einem Fachkongress Leitsätze für den Bau kommunaler Grünanlagen formuliert: „Als Volkspark kann nur diejenige öffentliche Parkanlage bezeichnet werden, die im Gegensatz zu den meisten bisherigen öffentlichen Parks nicht nur den gelegentlichen Spaziergängen dient, sondern den größeren Volksmassen und allen Kreisen der Bevölkerung zu jeder Jahreszeit Raum und Gelegenheit bietet zum Aufenthalt im Freien, zum Sichausleben in Spiel und Sport ebenso wie zum beschaulichen Ausruhen." Aus diesem Grund müsse ein Volkspark sonnige Spielwiesen, Wasserflächen – teilweise als Badeteiche –, Turnplätze, Musiktempel, Erfrischungshäuschen, Vogelhäuser, Tiergehege und WC-Anlagen bieten.

Machte sich Lesser in der Debatte um die Gestaltung kommunalen Grüns für den sozialen Aspekt stark, so musste er sich beim Projekt Frohnau um den repräsentativen Gartencharakter eines Vorortes für zahlungskräftige Hausbauer kümmern. Die von ihm entworfenen Platzanlagen im Ortskern, der Ludolfinger und der Zeltinger Platz, gehören heute zu den herausragenden Gartendenkmalen des Jugendstils in Berlin. Lesser war auch für die Freiraumplanung der Gartenstädte Falkenberg (1913–15) und Staaken (1914–17) verantwortlich. 1931 gestaltete er ein bedeutendes Gartendenkmal der Moderne: den ovalen Sommergarten im Zentrum des Berliner Messegeländes. Als Jude von den Nationalsozialisten verfolgt, emigrierte Lesser nach Schweden, wo er 1957 starb.

Vom Zeltinger Platz am S-Bahnhof Frohnau führt die Wiltinger Straße (mit einer Mittelpromenade aus Nadelbäumen) geradewegs zu dem nach Ludwig Lesser benannten Park. In einem ohnehin durchgrünten, locker bebauten Viertel mit hochgewachsenen Bäumen und liebevoll gepflegten Gärten erinnert der Ludwig-Lesser-Park an den natürlichen Zustand der Umgebung vor der Besiedlung. Der dichtbewachsene Waldpark besteht dementsprechend aus einheimischen Gehölzen wie Buchen, Birken, Kiefern, Fichten und Eiben. Auch ein Teich ist in ihm zu finden. An zwei Stellen sind Lichtungen angelegt, auf denen einzelne Birken bzw. Kiefern wachsen. In der Kiefernlichtung stehen wetterfeste Tischtennisplatten. Einen Spielplatz findet man im Zentrum des kleinen Parks. Einziger Schmuck der Anlage ist ein Kapitell, der obere Abschlussstein einer Säule, in der Nähe des Teiches.

Zwischen Markgrafenstraße und Schönfließer Straße führen zwei breite Wege durch die Grünanlage. Jenseits der Schönfließer Straße grenzt ein weitläufiges Gelände mit Tennisplätzen sowie einem Sportfeld und einem Poloplatz an. Die Sportanlagen östlich der Bahntrasse nach Oranienburg waren Teil des Grünkonzeptes Lessers von 1910.

An der Südspitze des Parks entstand nach dem Ersten Weltkrieg ein Denkmal zu Ehren gefallener Anwohner. Es ist in einen Hain aus Rhododendren und Ahornbäumen eingebettet.

Die unvergleichliche Atmosphäre Frohnaus lädt zum Promenieren entlang der Alleen ein. Im nördlichsten Ortsteil von Reinickendorf verliert der Spaziergänger tatsächlich das Gefühl, sich in einem bewohnten Quartier zu bewegen. Die Natur, in Gestalt hoher Baumwipfel und sanft ansteigender Hügel, scheint die Gartenstadt zu dominieren. Das städtische Leben konzentriert sich am Zeltinger und am Ludolfinger Platz. Auf diese Plätze führen die von unterschiedlichen Baumarten gesäumten Alleen strahlenförmig zu.

Lesser gestaltete die beiden Plätze großzügig als repräsentative Entrees in die Gartenstadt. Dazu gehören Pergolen, Treppenanlagen, Brunnen und tiefer liegende, mit Blumen und Sträuchern geschmückte Rasenflächen. Das einst noch deutlich aufwendiger als heute gestaltete Grün wird seit 1998 kontinuierlich denkmalpflegerisch überarbeitet.

Durch den Ersten Weltkrieg und die folgenden ökonomischen Krisen zog sich die Bebauung der Gartenstadt bis in die 1930er Jahre hin. Als Berlin im Jahre 1920 auch die Kolonie Frohnau – von „frohe Aue“ abgeleitet – in das Gebilde Groß-Berlin einverleiben wollte, stieß die kommunale Neuordnung auf den erbitterten Widerstand der gutbetuchten Bewohner. Erst 1924 konnte die aufmüpfige Gartenstadt vollständig in die Verwaltung des Bezirks Reinickendorf integriert werden.

Markgrafenstraße, Ecke Wiltinger Straße, 13465 Berlin
Ludwig Lesser 1910

▷ S Frohnau

Körnerpark

Berlin ist von Natur aus nicht gerade gesegnet mit steilen Hanglagen. Der Anblick des Körnerparks in Neukölln ist daher umso beeindruckender: Von der Terrasse im Verlauf der Selkestraße kann man von weit oben eine der künstlerisch aufwendigsten Grünanlagen der Stadt bestaunen, die durch ihr bühnenartig durchkomponiertes Erscheinungsbild überrascht und den Betrachter in den Bann zieht.

Zu verdanken ist dieser optische Genuss einer ehemaligen Kiesgrube, die bis zu sieben Meter unter Straßenniveau lag. 1912 bis 1916 wurde darin der Körnerpark angelegt. Im Grundriss rechteckig, ist er an drei Seiten von hohen Stützwänden umgeben. Lediglich am östlichen Bereich sorgt ein begrünter Hang für einen organischen Übergang zur höher gelegenen Straßenebene.

Bei der Gestaltung des Parks, der die gediegene Atmosphäre eines Kurortes verströmt, griff Gartenarchitekt Hans Richard Küllenberg auf den Formenschatz eines formalen Gartens des französischen Barock zurück. Er teilte das Gelände in Sichtachsen und klar voneinander abgegrenzte Raumeinheiten auf. Lange Perspektiven und ein Wasserspiegel sind weitere Charakteristika. Das westliche Ende wird von einer erhöhten Terrasse mit einer Orangerie gebildet, die sich unter der Selkestraße befindet. Mit Hilfe dieser Elemente gelang Küllenberg auf einem eher beengten Raum von nur 3,6 Hektar eine verblüffend großartige neubarocke Parkschöpfung, ein ausgewogenes Kunstwerk aus Architektur, Wasser und Vegetation. Der Körnerpark ist damit ein hervorragendes Beispiel der barockisierenden, monumental-architektonischen Gartenkunst in der Zeit vor dem Ersten Weltkrieg.

Die auffallend hohe Qualität des Parks hat einen politischen Hintergrund: Der Baubeginn dieses prestigeträchtigen Projekts fiel in das Jahr, als die damals noch unabhängige Stadt Rixdorf in Neukölln umbenannt wurde. Mit der Namensänderung wollten die Stadtväter den schlechten Ruf von Rixdorf als Hochburg des Proletariats loswerden, um steuerkräftige Bürger in neue Wohnviertel zu locken. Zur Imagekampagne passte auch ein schmuckvoll-repräsentativer Park, der das konservativ-bürgerliche Publikum ansprechen sollte. Für den Entwurf der neobarocken Orangerie samt herrschaftlich wirkender Treppenanlage war der renommierte Architekt und Neuköllner Stadtbaurat Reinhold Kiehl (1874–1913) verantwortlich. Von Kiehl stammt auch das Neuköllner Rathaus. Die Kiesgrube hatte Franz Theodor Körner (1838–1911) 1910 der Stadt Rixdorf gestiftet. Der Kaufmann und Hobby-Botaniker hatte an die Schenkung die Bedingung geknüpft, dass auf dem Gelände ein Park geschaffen würde, der seinen Namen tragen sollte.

Nach dem Zweiten Weltkrieg verfiel das Schmuckstück zusehends, und es gab sogar Überlegungen, das tiefliegende Areal zu verfüllen. Nicht zuletzt wegen des Drucks der Anwohner begann 1977 die denkmalgerechte Rekonstruktion des Körnerparks. Die Brunnenanlage wurde 2002 nach historischem Vorbild wiederhergestellt.

Von der Terrasse der Orangerie aus betrachtet entfaltet der Park seine räumliche Ästhetik am wirkungsvollsten. Davor erstreckt sich die Hauptachse mit einem großzügigen Rasenparterre, das an den Längsseiten von Wasserkanälen begrenzt wird. Diese wiederum werden von Staudenbeeten mit üppigem Blumenschmuck – u.a. Iris, Rittersporn, Lilien und Margeriten – und Gräsern gesäumt. Zu beiden Seiten verlaufen Platanenalleen. Der ursprüngliche barocke Beschnitt der Bäume wurde allerdings schon in den 1930er Jahren aufgegeben. Am Ende der Rasenfläche liegt das große runde Fontänenbecken. Dahinter erhebt sich in der zentralen Blickachse die Kaskade.

In der Mitte des Osthangs eingebettet, verbreitert sich die Kaskade nach unten in Form eines Trapezes – ein optischer Trick, der den Wasserfall perspektivisch länger wirken lässt. Assoziationen mit den eindrucksvollen Kaskaden königlicher Barockgärten in Europa werden wach. Auf den Einfassungsmauern der Anlage befinden sich lustige Steinfiguren: Kinder, die auf Krokodilen sitzen.

Pyramideneichen akzentuieren den Bereich zwischen Kaskade und Fontänenbecken, am Hang liegen Wiesen mit lockerem Baumbestand.

Einen schattigen Kontrast zu den offenen, gut belichteten Flächen des Rasenparterres und der Terrasse bilden die beiden an die Platanenalleen grenzenden Parkbereiche mit ihrem dichten Bewuchs aus Sträuchern und Bäumen. Die hohen Stützmauern sind architektonisch gegliedert.

An der Längsseite entlang der Jonasstraße verbirgt sich der Blumengarten, der von einer hohen Hainbuchenhecke abgeschirmt wird. Auch hier ist die Orientierung an barocken Vorbildern unverkennbar. Drei geometrische Rasenflächen werden von Blumenbeeten umrahmt, kunstvoll beschnittene

Eiben stehen in regelmäßigem Abstand an der Stützmauer, an der sich Wilder Wein rankt.

Auf der geräumigen Terrasse der Orangerie stehen im Sommerhalbjahr mediterrane Kübelpflanzen wie Zitrus, Oleander, Lorbeer und Palme. Die Orangerie wird als Galerie und Café genutzt.

Zum plastischen Schmuck des Parks gehören vier Putten, die am Rande des Rasenparterres vor der Terrasse aufgestellt sind. Sie verkörpern die vier Jahreszeiten. Die Figuren sind Nachbildungen der verlorengegangenen Originale.

Im Körnerpark finden im Sommer Konzerte unterschiedlicher Musikstile statt, in der Galerie sind wechselnde Ausstellungen zu sehen. Abgesehen von diesen Kulturereignissen, ist das Gartendenkmal kein Ort für Freizeitaktivitäten. Das Mitbringen von Hunden ist nicht gestattet. Für Kinder und Jugendliche wurden Spiel- und Bolzplätze außerhalb der Grünanlage an der Ecke Selkestraße/Schierker Straße angelegt.

Selkestraße, Jonasstraße, Schierker Straße, Wittmannsdorfer Straße, 12051 Berlin
Hans Richard Küllenberg 1912–16
Café im Körnerpark: Schierker Straße 8; Di–So ab 10 Uhr; cafe-im-koernerpark.de
Galerie im Körnerpark: Di–So 10–20 Uhr; Tel. 56 82 39 39
Keine Hunde

▷ S/U Neukölln

Thielpark

Unter den vielen Grünflächen im Südwesten Berlins fällt der langgestreckte Thielpark durch seinen reizvollen Abwechslungsreichtum auf. Auf einer Länge von rund einem Kilometer folgt er dem natürlichen Verlauf einer eiszeitlichen Rinne, die zwei Bögen beschreibt. Zu jeder Jahreszeit geht es hier entspannt zu, Studenten der nahen Freien Universität vertiefen sich hier in ihre Lektüre, Kinder tollen im Bereich Thielallee herum.

Erste Gestaltungen, etwa eine Felspartie am Schwarzen Grund, führten Richard Köhler und Emil Schubert 1912 durch. Das zehn Hektar große Gelände wurde nochmals von 1930 bis 1934 nach dem Konzept von Max Dietrich, dem Gartenamtsleiter Zehlendorfs, zu einem Landschaftspark überarbeitet.

Beginnt man den Spaziergang an der Clayallee, erreicht man den Thielpark über die Straße Auf dem Grat gegenüber dem Alliierten-Museum. Der Park beginnt am Föhrenweg, wo sich hinter dichtem Eibengehölz ein Rhododendrenhain verbirgt.

Schmale Wege mit Steinplatten führen hinein. In der Senke dahinter liegt ein dichtumwachsener Tümpel.

Jenseits der Gelfertstraße folgt ein größerer Parkabschnitt mit einem Teich in einer tiefen Mulde mit steilen Wiesenhängen. Über das Gewässer mit Schilf und Weiden führt eine Brücke. Am oberen Rand der Hänge dominieren Koniferen und immergrüne Sträucher, wodurch der Eindruck einer bewaldeten Mittelgebirgslandschaft entsteht. Auf Höhe der Straßen Im Schwarzen Grund und Bitterstraße neigt sich der Hang sanfter und eignet sich daher als Liegewiese oder zum Spiel.

Wo der Park nach Süden abknickt, fließt ein kleiner Bach in den Teich. Der Zufluss ist malerisch mit Felsen und einem kleinen Wasserfall gestaltet, über den eine Brücke führt. Der Charakter des Parks verändert sich, ein locker gepflanzter Robinienhain liegt auf einem kleinen Hügel und verzaubert die Landschaft im Frühjahr durch einen blau blühenden Blumenteppich. Statt der Straßen grenzen nunmehr Villengrundstücke mit herrschaftlichen Gärten an den Park. Es folgt ein Kiefernwald, in dem wiederum Gehölze aus Eiben und Rhododendron angepflanzt sind. Ab Höhe Hüttenweg weitet sich die Parksenke, und eine Liegewiese erstreckt sich hinauf bis zum U-Bahnhof Thielplatz. Dort bietet ein Stehcafé Erfrischungen.

Hinter dem U-Bahn-Graben setzt sich der Park als sanfte Bodensenke fort. Ein weiterer Teich wird von Wiesen und zwei Wegen umgeben.

Der auf diesem Wege letzte Abschnitt des Grünzugs wirkt wie ein konventioneller Park. An der Thielallee befindet sich ein sehr großer Spielplatz mit Unterstand und Tischtennisplatten.

Auf dem Grat, Im Schwarzen Grund, Thielplatz, Landoltweg,
14195 Berlin
Richard Köhler und Emil Schubert 1912–34; Max Dietrich 1930–34

▷ U Thielplatz

Von-der-Schulenburg-Park

Der Von-der-Schulenburg-Park ist ein adrett gestaltetes und besonders kinderfreundliches Grün. Er erstreckt sich über zwei Häuserblöcke an der Neuköllner Sonnenallee. Hauptattraktion ist ein künstlerisch herausragender Brunnen.

Von diesem Brunnen erzählt man sich so manches – und häufig Unwahres. Da wäre vor allem die fehlerhafte Bezeichnung „Märchenbrunnen" zu nennen. In Wahrheit hatte der Neuköllner Bildhauer Ernst Moritz Geyger nicht die Welt der Fabeln, sondern der Flora im Sinn, als er ab 1915 die Modelle schuf. Einen „Waldesdom" soll der Muschelkalkbrunnen darstellen, was unschwer an den zahlreichen Tierszenen, dem Blätterdach und dem Geäst in den Reliefen zu erkennen ist. Der Name Märchenbrunnen bürgerte sich nach der Einweihung 1935 ein, weil zum Festakt Kinder in Märchenkostümen erschienen waren. Kurioserweise wurde diese Umdeutung 1970 im wahrsten Sinne des Wortes in Stein gemeißelt, als die Grimm'schen Figuren „Brüderchen und Schwesterchen" und

„Aschenputtel" die verschwundenen Originalfiguren – ein Hirsch und ein Reh mit Kitz – ersetzten. Die neuen Figuren sind Arbeiten von Katharina Szelinsky-Singer.

Die Schöpfung Geygers ist eines der grandiosesten Werke der Berliner Bildhauerei und grenzt sich wohltuend von den üblichen hiesigen Brunnen aus der Zeit des Jugendstils ab.

Zur spielerisch-heiteren Ausstrahlung tragen nicht zuletzt die 16 Putten an den Säulen bei, die am oberen Kranz Wasser aus Eimern sprudeln oder aus Fischen speien lassen. Angebracht wurden die Bronzefiguren der Künstlerin Anna Bogouchevskaja im Jahr 2001, um das durch Kriegsverluste beeinträchtigte ursprüngliche Erscheinungsbild des Brunnens zu vervollständigen.

Die Umgestaltung des Parks 1934/35 durch Kurt Pöthig hob den Brunnen zusätzlich hervor. Das langgestreckte Bassin wird von stattlichen Platanenalleen gesäumt. Die Rasenfläche ist von rechteckig geschnittenen Buchsbäumen eingefasst, zwischen denen Blumen blühen.

Südlich des Brunnens schließt sich ein landschaftlich gestalteter Bereich mit einer tiefer liegenden, halbkreisförmigen Wiese an. Hochgewachsene Eiben bestimmen das Bild am Rand des bewegten Geländes.

Angelegt wurde die 3,6 Hektar große Grünanlage 1923 nach Plänen des Neuköllner Gartenbaudirektors Ottokar Wagler (1881–1954). Der Namensgeber Rudolf Wilhelm Graf von der Schulenburg (1860–1930) war von 1914 bis 1917 Oberpräsident der Provinz Brandenburg.

Sonnenallee, Drosselbart-, Hänsel- und Planetenstraße,
12057 Berlin
Ottokar Wagler 1923; Kurt Pöthig 1934/35;
Sanierung: Abelmann Vielain Pock Architekten 1999–2001

▷ S Köllnische Heide

Luisenstädtischer Kanal – Engelbecken

Der Luisenstädtische Kanal ist ein gartenhistorisch bedeutender Grünzug und ein Musterbeispiel der Gartendenkmalpflege. Die Kurpromenade Kreuzbergs ist zwei herausragenden Gartenschöpfern Deutschlands zu verdanken: Peter Joseph Lenné (1789–1866) und Erwin Barth (1880–1933). Das Flair eines grünen Boulevards wissen vor allem Flaneure und Erholungssuchende zu schätzen; Gelegenheiten für Sport und Spiel findet man hier dagegen nur wenige.

Der Werdegang der Parkanlage an der Nahtstelle zwischen Kreuzberg und Mitte spiegelt anschaulich die wechselvolle Geschichte der Hauptstadt wider. Wie der Name bereits verrät, war der rund zwei Kilometer lange Grünzug ursprünglich eine Wasserstraße, die den Landwehrkanal mit der Spree verband. Sie entstand im Rahmen eines Notstandsprogramms nach der Märzrevolution von 1848, durch das zahlreiche Arbeitslose Beschäftigung erhielten.

Der 1852 eröffnete Kanal bildete das schmuckvolle Herzstück der Luisenstadt, wie der östliche Bereich Kreuzbergs und das daran angrenzende Quartier von Mitte früher hießen. Der Entwurf für die Stadterweiterung auf dem damals „Köpenicker Feld“ genannten Freigelände zwischen Halleschem und Schlesischem Tor stammte vom königlichen Gartendirektor Lenné. Er war Teil von dessen 1840 publizierten großräumigen Planungen für die Umgebung der Residenzstadt.

Lenné verband bei der Gestaltung des Kanals Zweckdienlichkeit mit Schönheit: „Den Hauptzug in dem Gesamtplan bildet ein schiffbarer Wassergraben, der Luisenstädtische Kanal. Sein Zweck ist sowohl auf die Entwässerung gerichtet, als auch der immer mehr sich erweiternden Industrie eine bequeme Fahrstraße zu schaffen ... Längs des Kanals ... ist ein doppelter Boulevard projektiert.“ Die Wasserstraße hatte nicht nur den von Lenné betonten wasserwirtschaftlichen Nutzen, sondern trug auch zu einem attraktiven Stadtbild bei. Die Uferalleen wurden mit insgesamt 735 Bäumen bepflanzt, zwei breite Kanalbecken sorgten für großzügige Plätze im engmaschigen Straßenraster der Luisenstadt. Sechs Brücken überspannten den Kanal, dessen Kaimauern mit Klinkern aufgemauert wurden.

Die Bedeutung für den Schiffsverkehr erwies sich als eher gering. Überwiegend lagen Obstkähne in den hafenähnlichen Becken. Die Freude der Anwohner und Spaziergänger an dem Kanal wurde immer wieder durch üble Gerüche gedämpft, die durch stehendes Wasser entstanden. Statt die städtebauliche Attraktion zu sanieren, entschloss sich die Stadtregierung 1926, den brackigen Wasserlauf zuzuschütten. Damit sollten auch die Kosten des Baus der neuen U-Bahn-Strecke Gesundbrunnen—Neukölln in Grenzen gehalten werden, denn zum einen vermied man nun die schwierige Unterfahrung des Kanals, zum anderen konnte man den Bodenaushub an Ort und Stelle loswerden. Der ausgediente Schifffahrtsweg wurde allerdings nicht komplett, sondern nur bis ungefähr zur Höhe des ehemaligen Wasserspiegels verfüllt.

Gartendirektor Erwin Barth ist es zu verdanken, dass der wertvolle Schmuckzug aus Lennés Feder gerettet und in eine städtische Grünpromenade verwandelt wurde. Die Metamorphose des Kanals fiel erneut in eine wirtschaftlich schwierige und politisch spannungsvolle Zeit. Entlang der Trasse Wassertorplatz—Michaelkirchplatz—Köpenicker Straße, die im letzten Abschnitt eine langgezogene Kurve bildet, entstanden, zwischen den Kanalmauern eingebettet, farbenfrohe Sondergärten, Haine aus blühenden Sträuchern und etliche Spielplätze. Kreuzberg erhielt damit dringend benötigtes Grün. Vor der St.-Michael-Kirche legte Barth als Reverenz an die ursprüngliche Nutzung ein großes Wasserbassin an, das sogenannte Engelbecken. Anfang der 1930er Jahre war es mit Wasserspielen, beleuchteten Fontänen und einer umgebenden Pergola ein beliebter Treffpunkt. Kinder planschten ausgelassen in dem flachen Gewässer.

Eigentlich wollte Barth das Engelbecken im indischen Stil dekorieren, wozu große Elefantenstatuen gehört hätten. Das wurde jedoch wegen der Nähe zur Kirche abgelehnt. Einzig der Indische Brunnen im Rosengarten zwischen Waldemarstraße und Engelbecken wurde realisiert.

Nach dem Zweiten Weltkrieg erlebte das Werk Barths seinen Niedergang. In den 1950er Jahren wurden lange Abschnitte mit Trümmern aufgeschüttet und neu bepflanzt. Der nördliche Abschnitt entlang des Bethaniendamms samt Engelbecken wurde 1961 mit dem Bau der Berliner Mauer zum unüberwindbaren Grenzstreifen, der Gartengraben komplett eingeebnet. Auch dem Oranienplatz drohte ein ähnliches Schicksal. Auf ihm sollte ein Autobahnkreuz entstehen.

Der Ungehorsam der Bürger war es, der den Kanalpark wieder zum Leben erweckte. Zunächst widersetzten sich die Kreuzberger der geplanten Zerstörung ihres Stadtteils und bepflanzten 1980 den lange vernachlässigten Oranienplatz auf eigene Faust neu. Nach einem Entwurf des Architekten Hinrich Baller verwandelte sich der Abschnitt Richtung Landwehrkanal in eine naturnahe Landschaft mit welligem Geländeprofil, durch die sich Pfade schlängeln.

Nach dem Aufstand der DDR-Bürger gegen die SED-Diktatur und dem folgenden Mauerfall konnte ab 1991 der nördliche Abschnitt restauriert werden. Wie schon zur Entstehungszeit des Kanals wurden entlang der rahmenden Straßen Kaiserlinden gepflanzt. Bei der Freilegung des alten Kanalbetts stieß man auf die Fundamente des Indischen Brunnens. Das Kleinod konnte am historischen Standort nachgebaut werden. Der originelle Brunnen ist heute wieder Mittelpunkt des ebenfalls rekonstruierten Rosengartens. Nach den Entwürfen Erwin Barths liegt zwischen Wegen ein Rasen mit Rosenrabatten. An die alten Kaimauern lehnen sich wie einst Pergolen, die mit Kletterrosen, Wildem Wein und Clematis berankt sind. Zwischen Engel- und Bethaniendamm kehrte der Immergrüne Garten zurück, der durch blühende Sträucher ergänzt wurde. In diesem Abschnitt verläuft ein Weg durch die zentrale Achse.

Hauptattraktion der restaurierten Grünanlage ist das Engelbecken, das wie in alten Zeiten von Erholungssuchenden aufgesucht wird. Vom Café am Engelbecken, mit Terrasse direkt am Ufer, hat man eine reizvolle Aussicht auf die ausgedehnte Wasserfläche mit ihren sprudelnden Fontänen.

Damit das außergewöhnliche Gartendenkmal auch künftig für jedermann ein Genuss bleibt, kümmert sich der Bürgerverein Luisenstadt um die Pflege der grünen Stadtoase.

Bethanien-, Leuschner-, Erkelenzdamm, 10999 Berlin
Peter Joseph Lenné 1848–52; Erwin Barth 1929–32; Hinrich Baller 1984–88; Rekonstruktion: Büro für Gartenkunst und Landschaftsplanung, Horst Schumacher und Büro Willrecker und Siegmann 1991–95
Café am Engelbecken: Tgl. ab 10 Uhr; Tel. 28 37 68 16; www.cafe-am-engelbecken.de

▷ U Moritzplatz, U Kottbuser Tor

Zum Studium der Flora

Heinrich-von-Kleist-Park

Die glanzvolle Vergangenheit des Heinrich-von-Kleist-Parks in Schöneberg ist heute fast vergessen: 200 Jahre war dies der Botanische Garten Berlins. Hier gedieh Flora aus aller Herren Länder, und mit ihr wuchs der wissenschaftliche Ruhm der Berliner Botanik. Das ist heute nicht mehr der Fall, doch noch immer spielen an diesem Ort die Bäume die Hauptrolle, nicht die Besucher. Schauen und Ruhen lautet die Devise auf den knappen Rasenflächen.

Es waren magere Zeiten, als der Große Kurfürst (1620–88) sich Blumenkohl und Sellerie auf dem Postweg aus anderen Städten schicken lassen musste. Der Obst- und Gemüseanbau in der Mark Brandenburg war durch den Dreißigjährigen Krieg zugrunde gerichtet worden. Um die Küche am Hof zu bereichern, widmete der Monarch einen alten Hopfengarten nahe dem Dorf Schöneberg in ein Gemüsefeld um. Als Notacker initiiert, entwickelte sich die herrschaftliche Feldflur am Wegesrand nach Potsdam zu einem agrarwissenschaftlichen Freilandlabor für Pflanzen und Bäumen aus den führenden Ländern Europas. Unter Friedrich Wilhelm I. (1688–1740) erhielt das Areal das Prädikat „Botanischer Garten". In diesem trug der Leibarzt des Königs, Andreas von Gundelsheimer (1668 bis 1715), exotische Gewächse aus den königlichen Gärten zusammen, darunter auch eine frühe Kaffeestaude. Nach dem Tod des botanisch versierten Arztes übertrug der König 1718 der Societät der Wissenschaften die Verantwortung für das Gelände, auf dem sich heute der Kleistpark befindet.

Fast 100 Jahre nach seiner Geburtsstunde erlebte der Botanische Garten von Berlin seine Blütezeit. Von 1801 bis 1812 wurde er unter der Leitung von Karl Ludwig Willdenow (1765 bis 1812) nach damals modernen Gesichtspunkten umgestaltet. Neue Gewächshäuser für tropische Pflanzen wurden eingerichtet und Koniferen gepflanzt. Die Zahl der Pflanzen aus vier Kontinenten wuchs um 6500 Arten. Während der französischen Besatzung konnte Alexander von Humboldt (1769 bis 1859) den Administrator Napoleons zu finanziellen Zuschüssen bewegen. Nach Gründung der Berliner Universität 1810 wurde der Botanische Garten der Hochschule angegliedert und Willdenow deren erster Professor für Botanik.

Auch nach dem Tod Willdenows wuchs die Anlage in Schöneberg weiter. 20 Jahre später hatte sie eine Fläche von 9,5 Hektar, besaß 18 Gewächshäuser und nahm mit 16 000 Pflanzenarten einen Spitzenplatz unter den botanischen Sammlungen Europas ein. Dichter und Forscher Adelbert von Chamisso (1781–1838) arbeitete von 1819 bis zu seinem Tod im Botanischen Garten und leitete zuletzt das umfangreiche Herbarium.

Mitte des 19. Jahrhunderts stand die Wasserpflanze Victoria regia aus dem Amazonasgebiet (heute Victoria amazonica) mit ihren riesigen Schwimmblättern erstmals in Schöneberg in voller Blüte und wurde ein Publikumsmagnet.

1880 wurde das Botanische Museum errichtet. Der Backsteinbau an der Grunewaldstraße 6/7 ist das einzige erhaltene

Bauwerk des alten Botanischen Gartens. Als Berlin mit 19 000 Pflanzenarten auf den dritten Platz in der Weltrangliste der artenreichsten Gärten vorgerückt war, hatte man in Schöneberg die Grenzen erreicht. Das von der wachsenden Stadt eingeengte Gelände genügte nicht mehr den wissenschaftlichen Ansprüchen. Durch die Nutzung als Erholungspark wurden häufig Pflanzen und Gewächse von Spaziergängern beschädigt. Daher entschied 1897 der Preußische Landtag den Umzug des Botanischen Gartens nach Dahlem, der 1910 abgeschlossen wurde (vgl. S. 172ff.).

Nach der Verlegung des Botanischen Gartens schrumpfte die Schöneberger Grünfläche in nur 20 Jahren auf die heutige Größe von 5,7 Hektar. Die Ränder des Geländes wurden in Bauland umgewandelt. Es entstanden an der Elßholzstraße das Kammergericht, an der Grunewaldstraße die Kunstschule (heute Universität der Künste), an der Potdamer Straße das Karthreiner-Haus und die ehemalige Zentrale der BVG. Beim Bau des Kammergerichts gestaltete Stadtgartendirektor Albert Brodersen (1857–1930) von 1909 bis 1911 eine öffentliche Grünanlage, die 1911, zum 100. Todestag von Heinrich von Kleist, den Namen des Dichters erhielt. Die beiden barocken Kolonnaden, die den repräsentativen Hauptzugang zum Kleistpark bilden, standen ursprünglich am Alexanderplatz und dienten als prachtvolles Entree in das alte Berlin: 1777–80 nach einem Entwurf des königlichen Baumeisters Carl von Gontard (1731–91) errichtet, wurden sie 1910 zur Dekoration hierher versetzt.

Auch zwei monumentale Bronzeskulpturen, die früher vor dem Berliner Stadtschloss standen, fanden den Weg in den Kleistpark. Die beiden „Rossbändiger" des Bildhauers Peter Clodt von Jürgensburg waren ein Geschenk des Zaren Nikolaus I. (1796–1855) an seinen Schwager, den preußischen König Friedrich Wilhelm IV. (1795–1861), im Jahr 1843.

Nach dem Zweiten Weltkrieg wurde der Park rasch instand gesetzt, da der Alliierte Kontrollrat in das Gerichtsgebäude einzog. Die Grünanlage für den Sitz der vier Siegermächte entwarf Georg Béla Pniower (1896–1960), der seit 1920 als Gartenarchitekt in Berlin tätig war. Der wertvolle Baumbestand, der noch aus dem Botanischen Garten stammte, blieb erhalten.

Neben diesem Projekt plante der streitbare Gartengestalter Pniower die Außenanlagen des sowjetischen Ehrenmals im Tiergarten, des US-Hauptquartiers und des Quartiers Napoléon. 1951 wurde er Direktor des neuen Instituts für Garten- und Landeskultur an der Humboldt-Universität. Pniower machte 1947 in Expertenkreisen Furore mit einem radikalen, eigenwilligen und kontroversen Plan zur Neugestaltung des zerstörten Tiergartens.

Nach der Rückgabe von Gerichtsgebäude und Kleistpark durch die Allierten wurden keine tiefgreifenden Veränderungen mehr vorgenommen: Die unnötig breiten Zufahrten, die extrem großflächige Vorfahrt vor dem Justizpalast, in dem seit 1992 Berlins Verfassungsgericht arbeitet, sowie der Parkplatz blieben erhalten. Noch immer haben die Grünflächen lediglich dekorativen Charakter, und in der Hauptstadt-Euphorie scheint man die historische Bedeutung der Anlage aus den Augen verloren zu haben. Knappe Finanzmittel und die Lage am Rand eines sozial schwachen Stadtviertels hinterlassen ihre Spuren.

Trotz der ungewissen Zukunft kann man sich im Kleistpark an sehenswerten und seltenen Bäumen wie Esskastanien oder dem Trompetenbaum hinter der Königskolonnade – einer Baumart aus dem Golf von Mexiko – erfreuen. Manch ein Baumriese, wie die als Naturdenkmal ausgewiesene Eiche im zentralen Wiesenrund, ist stoischer Zeuge einer glänzenden Vergangenheit.

Potsdamer Straße, Grunewaldstraße, Elßholzstraße,
10781 Berlin
Albert Brodersen 1909–11; Georg Béla Pniower 1945

▷ U Kleistpark

Botanischer Garten

Im Botanischen Garten sind Schätze der Natur aus allen Erdteilen zu sehen. Mit rund 23 000 Pflanzenarten ist die Institution in Steglitz einer der bedeutendsten botanischen Gärten der Welt. In attraktiven Gewächshäusern gedeiht die üppige Flora der wärmeren Zonen. Wertvoll ist die Anlage nicht allein wegen der Pflanzen – die Parklandschaft des Botanischen Gartens ist darüber hinaus ein einzigartiges Beispiel für die Gartenkunst des späten 19. Jahrhunderts. Trotz des Neubeginns nach dem Zweiten Weltkrieg knüpfte die Gestaltung direkt an das Original an. Wer das Pflanzenparadies im Südwesten Berlins erkunden möchte, braucht viel Zeit und auch Kondition.

Das Gelände des Botanischen Gartens könnte idealer nicht sein. In sanften Wellen fällt es nach Südwesten ab und erlaubt bezaubernde, oft poetische Szenerien. Möglicherweise hatte Professor Ignatz Urban schon solche Bilder im Kopf, als er vor mehr als 100 Jahren auf dem Fichtenberg nahe des Dorfes Dahlem stand. Der Botaniker war überzeugt, das vor ihm liegende

Ackerland sei der perfekte Ort für den neuen Botanischen Garten. Seit Jahren wurde schon über einen Umzug des bestehenden Berliner Botanischen Gartens vom Heinrich-von-Kleist-Park in Schöneberg (vgl. S. 168ff.) nachgedacht, da die dortigen beengten Verhältnisse keine weitere Entwicklung mehr zuließen. Der Boden der Domäne Dahlem schien dem Experten besonders geeignet, da er aus gutem Mergel besteht und nicht, wie um Berlin üblich, aus nährstoffarmem Sand und Sumpf.

Der Direktor des Botanischen Gartens, Adolf Engler (1844 bis 1930), seit 1889 im Amt, war zunächst kein Freund dieser Planspiele. Für den Botaniker war es schier undenkbar, kostbare Gewächse, ja sogar Bäume zu versetzen. Begeistert von der Idee war hingegen Friedrich Althoff, Ministerialdirigent im preußischen Kultusministerium. Der hohe Beamte teilte die Vision des Professors Urban und machte sich für einen Neuanfang auf den Flächen der Domäne Dahlem stark. 1897 gab der Preußische Landtag die notwendigen Gelder für den Umzug und den Neubau des Botanischen Gartens frei.

An dem Großprojekt waren namhafte Fachleute der Bereiche Botanik, Architektur und Konstruktion beteiligt, unter anderem Alfred Koerner, Heinrich Müller-Breslau, Gustav Ferdinand und Axel Fintelmann. Der Transport umpflanzbarer Gewächse von Schöneberg nach Dahlem war eine logistische Meisterleistung.

Am 25. Mai 1910, nach zwölf Jahren Plan- und Bauzeit, wurde der Botanische Garten als größte Anlage Deutschlands offiziell eröffnet.

Nur drei Jahrzehnte vergingen, bis die Geschichte den weltweit gerühmten Garten mit voller Wucht traf. Der Zweite Weltkrieg hatte katastrophale Folgen: Das Botanische Museum und die Gewächshäuser wurden von Bomben zerstört, die tropischen Pflanzen erfroren. Als der Krieg vorbei war, befahlen die Alliierten, zur Linderung der Hungersnot Kartoffeln und Gemüse auf dem Freigelände anzubauen.

Ab 1949 begann der mühsame Wiederaufbau unter Leitung von Robert Pilger (1876–1953). 20 Jahre nahmen die Arbeiten in Anspruch, die durch Mittel aus dem Marshallplan unterstützt wurden. Der Park wurde dabei stilgetreu neu bepflanzt.

Vor dem Großen Tropenhaus und den umliegenen Gewächshäusern liegt der einzige klassisch komponierte Gartenbereich, der in Gestaltung und Lage auf das Tropenhaus bezogen ist. Auf leicht abfallendem Gelände erstreckt sich der Italienische Garten mit Wasserbecken und einem Parterre, an dem große, geometrisch geschnittene Eiben stehen. Das symmetrisch angeordnete Ensemble aus Italienischem Garten und Gewächshäusern, ersonnen von Direktor Adolf Engler und dem Architekten Alfred Koerner, bildet den räumlichen Höhepunkt des 43 Hektar umfassenden Geländes.

Der Gesamtentwurf des Botanischen Gartens stand noch ganz in der Tradition der großen Volksparks von Peter Joseph Lenné (1789–1866) und Gustav Meyer (1816–77). Abgesehen von dem Schmuckgarten vor dem Tropenhaus, ist das Gelände landschaftlich gestaltet. Weite Wiesenflächen wechseln sich mit Wäldern ab. Im Bereich an der Straße Unter den Eichen wurden zwei Seen angelegt, großflächige Hügelformationen prägen den Norden des Gartens. Promenaden, die im weiten Bogen das Areal mit seinen unterschiedlichen Vegetationszonen erschließen, wechseln sich mit engmaschigen Pfaden ab, die zu konzentrierter Betrachtung der Flora einladen.

Auf einer Fläche von rund 13 Hektar sind Pflanzen der Welt in geographischer Ordnung gesetzt worden, so dass man innerhalb des Landschaftsparks durch verschiedene Kontinente wandern kann. In dieser pflanzengeographischen Abteilung sind typische Landschaftsbilder mit den jeweiligen heimischen Bäumen, Sträuchern und Kleinpflanzen nachgebildet. Es ist schon ein besonderes Naturerlebnis, auf kurzem Wege von den vertrauten europäischen Alpen, an den mediterranen Felsen vorbei, ins ferne Amerika, nach Afrika und bis nach Asien zu gelangen und dabei en passant die Pflanzenvielfalt schwer zugänglicher Regionen wie des Kaukasus und des Himalaya betrachten zu können. Ein roter japanischer Pavillon setzt einen hübschen Akzent im Areal der japanischen Freilandflora. Freunde der herbstlicher Farben werden insbesondere von den amerikanischen Bäumen beglückt.

Wer Näheres über die verwandtschaftlichen Beziehungen von Gehölzen und Pflanzen erfahren möchte, für den ist das 14 Hektar große parkartige Arboretum interessant. In dieser großzügigen Gehölzabteilung wachsen rund 1800 verschiedene Baum- und Straucharten. Auch ein Rosengarten ist hier angelegt, mit einem Pavillon im Stil romanischer Klöster. Am Rande der Altensteiner Straße befindet sich zudem die Systematische Abteilung mit etwa 1500 nach Familien geordneten krautigen Pflanzen. Das rund 6100 Quadratmeter große Areal am Rande des Landschaftsparks wurde nach 1949 streng rechtwinklig gestaltet, im Gegensatz zu den geschwungenen Formen des Originals.

Zu den Gärten mit thematischem Schwerpunkt gehören der Nutz- und Heilpflanzengarten, der Moosgarten sowie das Sumpf- und Wasserpflanzenbiotop, das in räumlicher Nähe zu den Gewächshäusern liegt. Dort sind Pflanzen der Moore, Teiche und Küsten zu sehen. Der Kurfürstliche Garten mit Gartenpflanzen des 17. Jahrhunderts erinnert an den Ursprung des Botanischen Gartens in Berlin.

Ein besonderes ausgefallenes Areal ist der Duft- und Tastgarten, der von 1981 bis 1983 am Ostrand des Botanischen Gartens entstand. Auf einer Fläche von 3000 Quadratmeter können Sehbehinderte und Rollstuhlfahrer üppige Flora kennenlernen, die auf bequemer Nasenhöhe gepflanzt wurde.

Neben der mannigfaltigen Flora auf dem Freigelände sind es die kleinen und großen Gewächshäuser, die den Besucher auf über 6000 Quadratmeter Fläche in andere Welten eintauchen lassen. Prunkstück ist das Große Tropenhaus, das 1907 vollendet wurde. Mit 25 Meter Höhe und 60 Meter Länge gehört es zu den größten Treibhäusern der Welt. In dem stützenfreien Glaspalast herrscht das ganze Jahr über feuchtwarmes Klima, weshalb hier ein wahrer Dschungel aus Lianen und Palmen gedeihen kann. Im Tropenhaus faszinieren nicht nur ein dichtes Blätterdach und riesiger Bambus, sondern auch die naturnahe Gestaltung samt Wasserfall und Teich. Zum 100. Geburtstag umfassend saniert, versteckte man die Sprühanlagen, die für die nötige Feuchtigkeit sorgen, in künstlichen Baumstämmen. Nun herrscht eine fast authentische Dschungelatmosphäre inklusive klitschiger Steine, die über den Teich mit Karpfen und Schildkröten führen.

Die Flora in den benachbarten Gewächshäusern bildet einen scharfen Kontrast: Hier gedeihen Begonien, Kamelien und Azaleen. Im Victoria-Haus, das dem Tropenhaus vorgelagert ist, sind Sumpfpflanzen und Riesenseerosen zu bewundern. Der Rundgang durch die Glaspavillons und -galerien führt des Weiteren durch subtropische und aride Zonen mit Kakteen, Sukkulenten, Farnen, bekannten Gewürzpflanzen, Orchideen und zahllosen Pflanzen mehr. Der Besucher erhält einen Überblick über den eindrucksvollen Artenreichtum von Indien bis Mexiko.

Das Mittelmeerhaus fällt durch seine filigrane Glasarchitektur mit zwei Türmchen auf. In dem Gewächshaus verströmen mediterrane Pflanzen auch im Winter den wohltuenden Duft der südeuropäischen Natur – vor allem Rosmarin, der in Spanien nach der Dürre des Sommers nochmals im November erblüht.

Der Komplex der Gewächshäuser entstand nach 1900, die an das Victoria-Haus anschließenden Bereiche wurden von 1980 bis 1987 durch den Architekten Engelbert Kremser erneuert. Im Victoria-Haus befindet sich ein Café.

Weltrang besitzt auch das Botanische Museum am Eingang Königin-Luise-Platz. Einzigartig ist die Schausammlung, die unter anderem über Fortpflanzung und Vermehrung informiert sowie die Morphologie und Anatomie ausgewählter Pflanzen darstellt. In dem zwischen 1903 und 1906 errichteten Backsteingebäude sind das Herbarium mit mehr als 2,5 Millionen Bögen getrockneter Pflanzen untergebracht und eine Sammlung von Gift- und Speisepilzen.

Auf dem Gelände des Botanischen Gartens finden zahlreiche Veranstaltungen und Konzerte statt. Dazu zählt eine tropische Nacht im schwülwarmen Ambiente des Tropenhauses.

Königin-Luise-Platz, Unter den Eichen 5–10, 14195 Berlin;
www.botanischer-garten-berlin.de
Adolf Engler und Alfred Koerner 1897–1910; Robert Pilger 1949–69
Tgl. 9 Uhr bis Einbruch der Dunkelheit
Botanisches Museum: Königin-Luise-Straße 6–8; tgl. 10–18 Uhr;
Tel. 83 85 01 00

▷ S Botanischer Garten, U Dahlem-Dorf, U Rathaus Steglitz und Bus X83, M48,

Botanischer Volkspark Blankenfelde-Pankow

Der Botanische Volkspark Blankenfelde-Pankow im beschaulichen Norden Berlins ist ein Geheimtipp.

Vor mehr als 100 Jahren entstand hier auf einem Rieselfeld ein sogenannter Hauptschulgarten, der ab 1912 die Berliner Schulen mit Pflanzen als Anschauungsmaterial für den Unterricht versorgte. Die Federführung an diesem Projekt hatte Albert Brodersen (1857–1930) inne, von 1909–25 Gartendirektor Berlins. Ende der 1920er Jahre wurden Gewächshäuser für kälteempfindliche Pflanzen errichtet. 1977 kam die wertvolle botanische Anlage in die Obhut der Humboldt-Universität und wurde entsprechend den Bedürfnissen der Hochschullehre verändert und unter anderem um ein kleines Arboretum erweitert, in dem Eichensorten aus aller Welt stehen. Seit 2011 kümmert sich die landeseigene Gesellschaft Grün Berlin um das rund 34 Hektar große und inzwischen denkmalgeschützte Kleinod.

Der übersichtlich gestaltete Botanische Volkspark spricht

nicht allein botanisch Interessierte an. Durch Ackerflächen, die von Obstbaumalleen gesäumt werden, und durch verschiedene vollkommen natürlich wirkende Waldzonen besitzt er einen authentischen ländlichen Charme. In Richtung Norden gelangt man zur teilweise unter Naturschutz stehenden Flur von Blankenfelde. Auch ein weitläufiges Gehege mit Damhirschen und Rehen ist im Park zu finden.

Eine botanische Kostbarkeit gedeiht in den Gewächshäusern: ein Kaktus mit dem geheimnisvollen Namen „Königin der Nacht“, der im Juni oder Juli nur für wenige Nachtstunden seine Blüten öffnet. In einem der gläsernen Häuser kann man an den Wochenenden zwischen tropischen und subtropischen Pflanzen einen Kaffee genießen.

Neben dem Kaktus besitzt der Park zwei weitere Kuriositäten. Da ist zum einen das „Insektenhotel“, das in perforierten Baumscheiben, in Ziegelsteinen, zwischen Ästen und Stroh allerlei Insekten Nistplätze bietet. Zum anderen steht in der Grünanlage eine „Geologische Wand“ – ein einzigartiges Gebilde, das die Vielfalt an Gesteinen der Erdkruste Mitteleuropas veranschaulicht. Die Wand mit 123 Gesteinsarten aus Thüringen, Sachsen, Franken, Schlesien, dem Rheinland und dem Harz stammt aus den Jahren 1894/95. Damals wurde sie von Dr. Eduard Zache im Humboldthain zur Bildung und Unterhaltung der dortigen Spaziergänger aufgestellt. 1912 versetzte man die Geologische Wand an ihren heutigen Standort.

Blankenfelder Chaussee 5, 13159 Berlin;
www.botanischer-volkspark-pankow.de
Albert Brodersen 1909–1929; Planorama Landschaftsarchitekten ab 2011
Tgl. 6 Uhr bis Einbruch der Dunkelheit
Gewächshäuser: Mo–Fr 10–14 Uhr, Sa/So 11–17 Uhr

▷ S/U Pankow und Bus 107

Britzer Garten

Der Britzer Garten im Süden Berlins ist nicht nur für Blumen- und Gartenfreunde ein Hochgenuss. Diese exzellente Grünanlage begeistert ein breites Publikum durch ihren Abwechslungsreichtum. Kaum ein anderer Park verändert im Wechsel der Jahreszeiten so stark sein Gesicht. Die Sonderschauen im Frühjahr und im Spätsommer, die mit einem farbenprächtigen Blütenmeer aus Tulpen bzw. Dahlien das Auge verwöhnen, gehören zu den Höhepunkten im Berliner Veranstaltungskalender. Wer die harmonisch-schöne Gartenkunst auf dem rund 90 Hektar großen Gelände in Gänze genießen möchte, sollte viel Zeit mitbringen.

Entstanden ist der Britzer Garten als Hauptgelände der Bundesgartenschau in Berlin 1985. Das Areal mit unregelmäßigem Grundriss wurde auf landwirtschaftlich und gartenbaulich genutzten Flächen angelegt und ist zwischen Kleingartenkolonien eingebettet. Mit ihm erhielt die damalige Inselstadt West-Berlin erstmals eine neue große Erholungsanlage. Von dieser profitiert insbesondere die Bevölkerung in den nahen Großsiedlungen Neuköllns.

Im Zentrum des Parks erstreckt sich ein rund zehn Hektar großer See mit unregelmäßg angelegtem Ufer. Die Wasserfläche ist in den Hauptsee und drei weitere, ineinander übergehende Seebereiche gegliedert: den Irissee, den Ostsee und den Südsee. Buchten sorgen für eine kluge Aufteilung des Parkgeländes.

Den Aushub der künstlichen Seenlandschaft verwendete man, um das umliegende Gelände sanft zu modellieren und drei Aussichtshügel zu einer Höhe von 56, 60 und 63 Meter über dem Meeresspiegel aufzuschütten. Das entspricht in Berlin einer tatsächlichen Erhebung von maximal 18 Meter. Den Hügeln entspringen jeweils Quellen, deren Wasser Bäche und Wasserfälle speist und in den See mündet. Ein Rundweg führt um das gesamte Seengebiet herum. Stege und Brücken ermöglichen aber auch eine kürzere Strecke um den Hauptsee. Grünkorridore führen strahlenförmig vom See zu den vier Haupteingängen. Entlang dieser Korridore findet man verschiedene Erlebnisbereiche und Zonen mit gärtnerischen Themenschwerpunkten.

Das ausgeklügelte Konzept für den Park stammt vom Stuttgarter Landschaftsarchitekten Wolfgang Miller, der 1981 auch schon die Bundesgartenschau in Kassel geplant hatte.

Der Britzer Garten bietet Raum für so ziemlich jedes Bedürfnis Erholungssuchender: Ein Picknick in wildromantischer Gebirgslandschaft, Ausspannen an lauschigen Orten oder Sonnetanken am Wasser – alles ist möglich. Einschränkungen gibt es nur in dreierlei Hinsicht: Hunde dürfen nicht auf das Gelände, Fahrräder sind nicht gestattet, und im See darf nicht gebadet werden. Restaurants, Cafés, eine Milchbar und zahlreiche Kioske bieten ein reiches kulinarisches Angebot. Lang ist auch die Liste der Veranstaltungen, die von März bis Oktober im Park stattfinden. Dazu zählen das Sonnenwendfest im

Juni, das Flug- und Drachenfest im Herbst und das Klassik-Konzert „Feuerblume“ mit Feuerwerk im August.

Eine Besonderheit ist die Parkbibliothek mit umfangreicher Literatur zu den Themen Natur, Pflanzen, Garten und Landschaften. Sie befindet sich im Karl-Foerster-Pavillon (Mo–Sa 10–16 Uhr, So 11–17 Uhr).

Insbesondere Kinderherzen schlagen im Britzer Garten höher. Für die Kleinen gibt es eine spektakuläre Spiellandschaft, in der auf sinnliche Weise Naturextreme der Erde erfahrbar sind, etwa in der großen Sandfläche „Sahara“ oder dem Dschungel aus Bambus. Abkühlung bieten schattige Felsen und Wasserduschen. Während der Sommerferien lockt zudem das Lehmdorf „Makunaima“ in den Spielbereich: Unter fachkundiger Anleitung werden hier Lehmbauten errichtet. Die Spiellandschaft befindet sich nahe dem Eingang Tauernallee.

Eine weitere Attraktion für Kinder ist der Wasserspielplatz, wo insbesondere die ganz Kleinen im Sommer planschen und spielen können. Das Paradies für die jungen Wasserratten liegt in der sogenannten „Blütenachse“. Dort befinden sich auch ein Tiergehege mit Schafen, Ziegen, Kaninchen und Eseln sowie ein Bienenhaus, das sonntags (14–16 Uhr) besichtigt werden kann. Auch eine Minigolfanlage gibt es am Eingang zur Blütenachse.

Neben dem breiten Freizeitangebot stehen natürlich Pflanzen im Mittelpunkt des Parks. Zwischen den Wiesen, Wäldern, Blumenrabatten und Biotopen findet man in Britz eine Fülle von Gärten mit verschiedenen botanischen Schwerpunkten, etwa den Rosengarten, den Rhododendrenhain oder den Wassergarten. In ihnen werden nicht nur ausgewählte Arten zur Schau gestellt, es wird auch deren Kulturgeschichte vermittelt.

Eine amüsante Variante dieser lehrreichen Gärten ist der Berliner Garten. Hier wachsen nicht nur die Nutzpflanzen, die dem Stadtbewohner üblicherweise in zubereiteter Form auf dem Teller begegnen. Es gedeihen zudem Pflanzen, die wegen ihrer

Züchter oder Namenspatrone mit der Stadt Berlin eng verbunden sind. Alpenveilchen sind darunter, die „Perle von Zehlendorf" heißen oder ganz majestätisch „Kaiser Wilhelm II.", die Pyramidenpappel „Berolinensis" und ein Fensterblatt mit der botanischen Bezeichnung „Monstera deliciosa Borsigiana".

Der „Hexengarten" entführt den Neugierigen in die Gartenkultur des Mittelalters. In einer kleinen, etwas versteckt gelegenden künstlichen Ruine wird die vielfältige Nutzung und Bedeutung heimischer Pflanzen zwischen den Jahren 800 und 1500 anschaulich gemacht. Hier wachsen die Heilkräuter der Klostergärten, aber auch Pflanzen wie der zarte Lein, aus denen Garn hergestellt wurde. In einem Beet sind die Kräuter zusammengestellt, welche die Heilige Hildegard von Bingen (um 1100) in ihrem Kompendium damals bekannter Heilpflanzen erwähnt. Man erfährt Näheres über die symbolische Bedeutung bestimmter Pflanzen im Mittelalter – etwa, dass bestimmte Blumen Zeichen des Glaubens waren oder böse Geister abwehren sollten, anderen wiederum dunkle Zauberkräfte nachgesagt wurden.

Im Mittelalter wurde die Rose als Marien- und Liebessymbol verehrt. Noch heute ist sie als Königin der Blumen Ansporn ehrgeiziger Züchter. Im Rosengarten kann man sich davon ein Bild machen. Gestaltet ist der Garten in traditioneller Weise durch geometrische Beete, die von kurzgeschnittenen Eibenhecken eingefasst sind. Kugeln, Pyramiden und eine kunstvoll geschnittene Hecke aus Eiben setzen Akzente. Lauben aus Kletterrosen betören durch ihren Duft. Eine lustige Brunnenskulptur lockert das Ensemble auf.

Sehenswert ist der Staudengarten, der zu Ehren Karl Foersters (1874–1970), des berühmten Staudenzüchters aus Potsdam, angelegt wurde. Er verdeutlicht dessen Methode, Stauden nach formalen Gesichtspunkten oder naturnah zu gruppieren. So sind beispielsweise Blumen nach Farben geordnet angepflanzt. Ein „Südlicher Garten" mit mediterranen

Pflanzen und ein klassisch-geometrischer Steingarten befinden sich im Bereich des Staudengartens.

Mediterranes Flair verströmt auch die Terrasse am Irissee. Hier gedeihen exotische Gewächse, die man von Reisen in den Süden kennt. Am Irissee befindet sich auch ein naturnah gestalteter Wildbach, der der „Wildspitzquelle“ entspringt und über Felsen rinnt. Der nahe gelegene „Wildgarten“ komplettiert das urwüchsige Bild.

Publikumsmagneten sind die drei großen Sonderschauen im Britzer Garten: Die Tulpenblüte („Tulipan“), die Blüten von Rhododendron und Azaleen („Zauberblüten“) und, im Spätsommer, die Dahlienblüte („Dahlienfeuer“) entfachen wahre Feuerwerke leuchtender Farben. Rund 300 verschiedene Sorten der aus Mexiko stammenden Dahlie kann man hier bewundern.

Auch die Architektur im Britzer Garten zeigt sich von ihrer naturnahen Seite. Das „Café am See“ wächst sozusagen aus dem höchsten Hügel heraus und entstand in einer speziellen „organischen“ Bautechnik. Der Architekt Engelbert Kremser ließ zunächst einen großen Lehmhügel aufschütten und formen. Auf diesen wurde Beton aufgebracht, der die schroffe Schale des Bauwerks bildet. Nach dem Erstarren des Betons entfernte man durch die ausgesparten Fenster- und Türöffnungen den Lehm im Innern.

Die markante Brücke zwischen Süd- und Hauptsee wird als „Rhizomatische Brücke“ bezeichnet, da ihre Gestaltung einem verzweigten Wurzelgeflecht (Rhizom) nachempfunden ist. Das skulpturenartige Bauwerk aus Holz und Stahl entwarfen die Architekten Clod Zillich, Jasper Halfmann und Jürgen Zilling.

Von Zillich, Halfmann and Zilling stammt auch der Kalenderplatz am Ufer des Ostsees. 24 doppelte Pfeiler und ein riesiger Mast bilden die größte Sonnenuhr Europas mit einem Durchmesser von 99 Meter. In den Bodenbelag des kreisförmigen Platzes eingelassen findet man Informationen zum Sonnensystem. Der Platz selbst dient einem Caféhaus – der sogenannten Orangerie – als Terrasse.

Im Britzer Garten verkehrt eine Schmalspurbahn, die auf einem 5 Kilometer langen Rundkurs an den wichtigsten Stationen hält. Die Fahrpreise sind nicht im Eintrittsgeld enthalten.

Für Sehbehinderte und Blinde wurde ein spezielles Leit- und Informationssystem geschaffen. Am Eingang Mohriner Allee können kostenlos Rollstühle ausgeliehen werden.

Mohriner Allee, Sangerhauser Weg, Tauernallee, Buckower Damm,
12312 Berlin; Tel.: 70 09 06 80; www.britzer-garten.de
Wolfgang Miller 1979–85
Tgl. ab 9 Uhr bis Einbruch der Dunkelheit;

▷ U Alt-Mariendorf und Bus 179, 181; Bus X76, M44

Gärten der Welt

Wer traditionelle Gartenanlagen aus Fernost, dem Vorderen Orient und Europa besuchen will, muss in Berlin nicht weit fahren oder gar fliegen: Im Osten der Stadt, bequem mit S- oder U-Bahn zu erreichen, liegen die Gärten der Welt. Deren vielfältige grüne Kreationen bieten faszinierende Einblicke in die internationale Gartenkultur und wurden von Spezialisten der jeweiligen Länder mit Hilfe ortstypischer Gewächse und Materialien gestaltet. Für sein einzigartiges Angebot wurde der Park mit dem Green-Flag-Preis ausgezeichnet.

Initialzündung für die neuartige Präsentation fremder Kulturkreise war die Eröffnung des Chinesischen Gartens im Erholungspark Marzahn im Jahr 2000. Er ist die größte chinesische Grünanlage in Europa und wurde als klassischer nordchinesischer Gelehrtengarten angelegt. Dabei wurden durchweg originale Materialien aus dem Riesenreich verwendet. Der Name „Garten des wiedergewonnenen Mondes“ nimmt Bezug auf die deutsche Wiedervereinigung. Die für den Garten verantwortlichen Experten des Instituts für klassische Gartenplanung Beijing schufen eine abwechslungsreiche Anlage aus Wasserfällen, Bambushainen, Felsen, Brücken, Skulpturen und zahlreichen Bauten, die sich um einen großen See gruppieren. Pavillons, eine Pagode im Wasser und Pflanzen wie Magnolien, Chrysanthemen und Lilien machen die chinesische Illusion perfekt. In dem roten Teehaus mit Terrasse, dem „Berghaus zum Osmanthussaft", finden Vorführungen zur chinesischen Teekunst statt.

Um den Balinesischen Garten anlegen zu können, musste im Jahr 2003 ein neues Gewächshaus errichtet werden, da die Pflanzen der asiatischen Insel tropisches Urwaldklima benötigen, um zu gedeihen. Der „Garten der drei Harmonien" wurde im Stil eines südbalinesischen Wohnhofs angelegt. Nach hinduistischer Tradition dienen kleine Tempel und ein Familienschrein zur Zwiesprache mit Ahnen, Natur und Göttern. An den hofartigen Bereich grenzt die üppige Pflanzenwelt der Tropen mit Baumfarnen, Orchideen, Moosen und westindischem Jasmin (Frangipani). Bali, die westlichste der Kleinen Sundainseln im Indischen Ozean, gehört zu Indonesien. Dessen Hauptstadt Jakarta ist Partnerstadt Berlins.

Meditativen Charakter hat der ebenfalls 2003 eröffnete Japanische Garten. Der „Garten des zusammenfließenden Wassers" wurde vom Zen-Priester und Gartenkünstler Shunmyo Masuno aus Yokohama gestaltet. Er ein Ort der Abgeschiedenheit und Andacht im Geiste des Zen-Buddhismus. Ein Rundweg verbindet die drei unterschiedlichen Gartenräume auf hügeligem Areal. Besonders faszinierend ist die feinsinnige Symbolik traditioneller Stilelemente. Zu diesen zählt etwa eine Kiesfläche, deren sorgsam in Endlosschleifen geharkte Linien Wasser darstellen. Über dieses helle „Meer" führt eine Steinbrücke als Zeichen für Freundschaft und Eintracht. Ahorn-, Kirsch- und Lebensbäume stehen stellvertretend für Japans Gehölze.

Spezialisten aus Seoul realisierten den Koreanischen Garten, der in eine hügelige Landschaft mit Wasserfall eingebettet ist. Der von Felsbrocken gerahmte Wasserlauf liegt vor einem landestypischen Pavillon, der als Aussichtspunkt dient. Er ist Teil eines pittoresken Anwesens mit vier Höfen, deren Einfassungen aus Lehm, Steinen und Schmuckziegeln gemauert wurden. Im traditionellen Baustil Koreas sind auch die Hoftore mit Ziegeldach errichtet, welche die einzelnen Bereiche miteinander verbinden. Der „Garten der Freude im Einklang mit der Natur" aus dem Jahr 2006 war ein Geschenk der Berliner Partnerstadt Seoul. Er zeigt beispielhaft, wie harmonisch und rücksichtsvoll koreanische Gärten in die natürliche Umgebung eingefügt werden.

Im Orientalischen Garten wird deutlich, welch hohe Bedeutung filigrane, geometrisch angeordnete Wasserspiele in der morgenländischen Gartenkunst haben. Im „Garten der vier Ströme" strukturieren vier längliche Wasserbecken, die von unzähligen Wasserspeiern gespeist werden, das Areal. Im Schnittpunkt der sich kreuzenden Achsen steht eine sprudelnde Brunnenschale aus Marmor, die von einem Pavillon mit farbigen Holzornamenten geschützt wird. Der Orientalische Garten ist nach dem Vorbild klassischer Anlagen in islamischen Ländern als von hohen Mauern und Arkaden eingeschlossener Wohnhof gestaltet (arabisch „Riyad"). In vier geometrischen Beeten wachsen neben Rosen unter anderem Granatapfel-, Zitronen-, Feigen- und Orangenbäume sowie Palmen. Neben der Fülle an betörend duftenden Gewächsen ist die detailreiche Architektur mit orientalischer Ornamentik bemerkenswert. Wände, Säulen und Böden sind mit farbigen Kacheln verkleidet. Das 2005 eingeweihte Werk entwarfen Landschaftsarchitekt Kamel Louafi aus Algerien und Gartenhistoriker Mohammed El Faïz aus Marokko.

Mit dem Italienischen Renaissancegarten bekam Berlin ein wunderschönes Beispiel der europäischen Gartenbaukunst aus der Zeit des 14. bis 16. Jahrhunderts. Zum Vorbild nahm man sich dabei Gartenanlagen in der Region von Florenz. Die Gartenkunst der Renaissance strebte nach Harmonie und Vollkommenheit. Dabei griff sie auf Ideale der Antike zurück, als Gärten Orte der Einkehr, des Studiums und der Festlichkeit waren. Ausgewogene Proportionen schuf man durch geometrische Beete, akzentuierende Brunnenbecken in den Achsen der Wege, Treppen und Architektur. Der akkurate Schnitt der Hecken verdeutlichte die Fähigkeit des Menschen, schöpferisch – und korrigierend – in die Natur einzugreifen. Statuen antiker Götter unterstrichen die Rückbesinnung auf die Antike. All diese Prinzipien und Bestrebungen wurden im Berliner Renaissancegarten umgesetzt, die als zeittypische geschlossene Anlage mit zwei Toren angelegt wurde. Im Mittelpunkt des „Giardino della Bobolina“ steht ein Springbrunnen im Stil der Renaissance. Die perfekt gezirkelten Beete sind mit Buchsbaum eingefasst. Kübelpflanzen mit südeuropäischen Bäumen sorgen für eine mediterrane Atmosphäre. Eine Loggia mit Steinbänken bildet den passenden Hintergrund und repräsentiert die großartige Architektur Italiens. Gegenüber der Loggia steht als *point de vue* der zentralen Achse die Marmorstatue der „Bobolina“. Die weibliche Figur ist eine Kopie der Skulptur, die Giambologna (1524–1608) für die stilprägenden Boboli-Gärten von Florenz schuf. Andere Werke des Bildhauers befinden sich in berühmten Gärten der Medici. Der 2008 eingeweihte Renaissancegarten ist in der Nähe des Eingangs Blumberger Damm zu finden.

Ein weiteres Glanzstück ist der Christliche Garten. Der im Frühjahr 2011 eröffnete Garten in Form eines Kreuzganges frühmittelalterlicher Klöster veranschaulicht die Bedeutung, die dem Wort im christlichen Glauben zukommt. Das quadratische Areal wird von einer Buchenhecke eingeschlossen. Der Kreuzgang selbst wird von einem vergoldenten Gerüst überfangen. Darin sind, zwischen horizontalen Metallzeilen, Texte aus dem Alten und Neuen Testament sowie Zitate aus philosophischen Schriften eingearbeitet. Nach Vorbild des ältesten überlieferten Klosterplanes von St. Gallen aus der Zeit um 830 befindet sich im Innern des Kreuzgangs ein Gartenhof mit Wegekreuz. Niedrige immergrüne Hecken sind neben den Kieswegen gepflanzt. Die zeitgenössische Interpretation eines über 1000 Jahre alten Gartenmusters gehört zu den beeindruckenden Leistungen gegenwärtiger Gartenkunst. Der Entwurf stammt vom Berliner Büro relais Landschaftsarchitekten.

Als ein Beitrag deutscher Gartenkunst des 20. Jahrhunderts ist der Karl-Foerster-Staudengarten anzusehen, der nach einer Überarbeitung 2008 wiedereröffnet wurde. Karl Foerster (1874–1970) war eine Koryphäe auf dem Gebiet der Staudenzucht und Gartengestaltung. Der nach ihm benannte Garten ist von einer Holzpergola umgeben und steht, ganz in Foersters Sinne, fast das gesamte Jahr in Blüte. Besonders schön anzusehen sind Rittersporn, Sonnenbraut und Astern.

Der fünf Hektar große Englische Garten im traditionellen Landschaftsstil samt Cottage ist ein Projekt des Büros Austin, Smith, Lord aus Manchester. Um die Gärten in all ihrer Symbolik genauer zu verstehen, werden Führungen angeboten.

Zwei weitere Attraktionen des Parks sind der Irrgarten und das Labyrinth. Der Irrgarten, dessen Vorbild im königlichen Schlosspark Hampton Court bei London steht, besteht aus 1250 Eiben und ist besonders bei Jüngeren beliebt. Direkt daneben liegt das in den Boden eingelassene Labyrinth, das von der Kathedrale von Chartres in Frankreich inspiriert ist.

Insgesamt erstrecken sich die Gärten der Welt über ein 30 Hektar großes Gelände des Erholungsparks Marzahn, der aus der Berliner Gartenschau 1987 hervorging. Angelegt wurde er auf einer ehemaligen Bauschuttkippe im Wuhletal. Gottfried Funeck, Roswitha Schultz, Birgit Engelhardt, Claus Dieter Schmidt und Karl-Heinz Kastl entwarfen die zahlreichen Themengärten. Aus jener Zeit stammen der Foerster-Staudengarten, der Rhododendronhain mit Märchenwald, der Quellengarten, der Kräutergarten und das Blumentheater. Das Blumentheater ist nach Vorbildern aus dem 18. Jahrhunderts konzipiert: Vor einer Baumkulisse stehen Blumentöpfe mit exotischen Pflanzen auf Podesten.

Zum Erholungspark gehören auch weiträumige Liegewiesen und Anlagen für Streetball, Beachvolleyball und Kinderspiel.

Cafés sorgen unter anderem mit chinesischen Spezialitäten für das leibliche Wohl. Im Sommer finden speziell auf die Kulisse der Gärten der Welt zugeschnittene kulturelle Veranstaltungen statt.

Eisenacher Straße 99, Blumberger Damm, Kienberg/Siegmarstraße, 12685 Berlin; Tel. 700 90 66 99; www.gaerten-der-welt.de
Engelhardt, Funeck, Kastl, Schmidt und Schultz 1987; ab 2000
Tgl. ab 9 Uhr (Blumberger Damm Nov.–März nur Sa/So ab 9 Uhr)

▷ S Marzahn, U Hellersdorf und Bus 195, Bus X69

Zur Natur zurück

Ernst-Thälmann-Park

Der Ernst-Thälmann-Park ist eine mittelgroße Grünanlage mit einer spannenden Geschichte. Hier suchen insbesondere die Anwohner der Nachbarschaft Ruhe und Erholung.

Eigentlich klang das Projekt, Teile eines veralteten Gaswerks der Kaiserzeit in eine Grünanlage umzuwandeln, vielversprechend. Doch das 1981 stillgelegte Werk an der Greifswalder Straße war mehr als eine überholte Industrieanlage. Die fünf haushohen Gasometer, von 1882 bis 1908 errichtet, waren eine Art Wahrzeichen des Bezirks Prenzlauer Berg. Trotz aller Einwände wurden sie 1984 gesprengt, und an ihrer Stelle entstand bis 1986 eine Wohnanlage für 4000 Bewohner mit angeschlossenem Park, die man in der DDR als Vorzeigeobjekt des „Sozialistischen Wohnens" pries. Von der historischen Bebauung blieben lediglich das Verwaltungsgebäude und das Gaszählerhaus an der Danziger Straße erhalten.

Das Gaswerk war 1874 als IV. Berliner Gasanstalt in Betrieb gegangen. Mit sechs Gasometern gehörte es zu den größten

Anlagen der Stadt und produzierte Gas für Straßenbeleuchtung, Industrie und Haushalte. Daneben erzeugte die qualmende und stinkende Fabrik auch Koks, Teer, Naphtalin, Ammoniak und Schwefelwasserstoff – Umweltgifte, die das Areal über ein Jahrhundert lang verseuchten. Obwohl beim Bau der Wohnhäuser rund 90 000 Kubikmeter verunreinigter Boden abgetragen wurden, entpuppte sich der Grund des Ernst-Thälmann-Parks nach dem Ende der DDR als erheblich belastet. Bis heute sind die nachträglich eingerichteten Reinigungsanlagen zum Schutz des Grundwassers in Betrieb.

1986 wurde der Ernst-Thälmann-Park mit einem Teich, einer weitläufigen Wiese im Zentrum, einem Gehölzgürtel aus Koniferen im Westen und einem durch hohe Büsche abgeschirmten Spielplatz auf einem kleinen Hügel an der Danziger Straße eingeweiht. Der von Trauerweiden umrahmte Teich nahe der Greifswalder Straße erfreut nicht nur die Menschen. An einem Wasserfall gibt es einen „Hunde-Pool“, und der dicht zugewachsene Rhododendronhain ist ein Amphibienschutzgebiet. Gefährdete Frosch-, Molch- und Krötenarten haben hier ihren Laich- und Lebensraum.

In dem landschaftlich gestalteten, kleinteilig strukturierten Park wachsen auffallend viele Scheinzypressen und Lebensbäume (Thuja) in allen Varianten. Ein breiter Streifen aus Scheinzypressen dient etwa als Begrenzung zum Denkmal des Namenspatrons der Anlage. Das 14 Meter hohe Monument an der Greifswalder Straße, ein Konterfei des im KZ Buchenwald ermordeten KPD-Vorsitzenden Ernst Thälmann (1886–1944), wurde zu dessen 100. Geburtstag aufgestellt.

Danziger Straße, Greifswalder Straße, 10405 Berlin
Leitung: Erhardt Gießke 1983–86

▷ S Greifswalder Straße, Tram M4, M10

Görlitzer Park

Einst lagen auf dem 14 Hektar großen Geländestreifen des Görlitzer Parks Gleise, Bahnsteige und Gebäude. Der Görlitzer Bahnhof war von 1866 bis 1868 nach Plänen von August Orth für die Bahnlinien in die Lausitz und nach Niederschlesien errichtet worden. Damals lag er noch außerhalb der Stadtmauern. 1952 kam der Bahnverkehr infolge der Teilung Berlins zum Erliegen – die Gleise führten schon nach wenigen hundert Metern zur Staatsgrenze. Bis 1976 wurde das Gelände freigeräumt.

Seit dem Bau der Berliner Mauer 1961 befand sich der östliche, bis heute unter der ehemaligen Postleitzahl SO 36 bekannte Teil von Kreuzberg in einer prekären Randlage. An drei Seiten von der Grenze umschlossen, mangelte es in dem dichtbebauten Mietshausquartier an grünen Erholungsflächen. Der nahe Treptower Park gehörte zu Ost-Berlin und war für die Kreuzberger im Westen unerreichbar. Als Terrain für die dringend benötigte neue Grünanlage bot sich die Brachfläche des Görlitzer Bahnhofs an.

Kreuzberg war ein Zentrum des Widerstands gegen die verfehlte Stadtplanungspolitik der 1970er und 1980er Jahre. Engagierte Kreuzberger Bürger gründeten 1982 den Verein Görlitzer Park, durch den sie möglichst großen Einfluss auf das städtische Parkbauprojekt nehmen wollten. Tatsächlich nahm das Konzept von Landschaftsarchitekt Martin Heisig, der als Sieger eines Wettbewerbs gekürt wurde, unterschiedliche Wünsche, Interessen und Ideen der Bürger in die Entwurfsplanung auf: Auf dem knapp bemessenen Parkareal sollten Sportanlagen ebenso wie der bereits bestehende Kinderbauernhof Platz finden, naturnahe Biotope – damals eine unkonventionelle Forderung seitens der Umweltbewegung – neben eher traditionellen Schmuckgärten, Spielflächen neben Ruhe- und Erholungsräumen entstehen. Zugleich sollte ein Schwimmbad auf dem ehemaligen Bahngelände untergebracht werden. Das Projekt Görlitzer Park war für West-Berlin ein beispielloses Experiment, an das sich viele Erwartungen knüpften.

Trotz der mannigfaltigen Nutzungen und gegensätzlichen Gestaltungsformen ist die längliche Grünanlage klar in drei Bereiche gegliedert. Verbunden werden sie durch eine schnurgerade Allee, die sich, entsprechend der Ausrichtung der ehemaligen Gleise, entlang der Längsachse des Geländes zieht. Eine Brücke über den Landwehrkanal verbindet den Park heute mit dem Schlesischen Busch im Bezirk Treptow.

Im südöstlichen Abschnitt, nahe dem Landwehrkanal, entstand eine künstliche Hügellandschaft, die sich im Winter zum Rodeln eignet. Darin eingebettet ist ein Spielplatz mit riesiger Kinderrutsche. Entlang der Görlitzer Straße verläuft ein dichtbepflanztes naturnahes Areal mit einem Bach, der in einen Teich mündet. An seinen Ufern wachsen Schilf, Hasel und Birken, aus seiner Mitte sprudelt eine kleine Fontäne. Die Wasserbiotope sind durch verschlungene Wege mit Erdbelag erschlossen. In der Nachbarschaft erstreckt sich eine Wiese mit Apfelbäumen, auf der auch ein Grillplatz zu finden ist.

Am Zugang Falckensteinstraße liegt der einzige schmuckvoll gestaltete Garten mit Klettergerüsten für Rosen und einer schmalen, flachen Kaskade.

Die Hauptallee wird vom zentralen Rondell im mittleren Abschnitt des Parks unterbrochen. Eine tiefe Geländemulde dient hier als Liegewiese. In der Senke sind Reste eines alten Tunnels erhalten, der einst im Zug der Liegnitzer Straße/ Oppelner Straße die Bahnanlage unterquerte. Wie ein Portal zum Rondell wirkt die 14 Meter hohe abstrakte Stahlträger-Skulptur „Schreitender Mensch" von Rüdiger Preisler.

An der Görlitzer Straße, auf Höhe der Sorauer Straße, liegt ein Bolzplatz mit Rasen. Am Eingang Glogauer Straße ist der Kinderbauernhof mit Ziegen, Eseln und anderen Kleintieren zu finden.

Am dritten Abschnitt im Nordwesten gruppieren sich mehrere Bauwerke. Drei verbliebene Güterschuppen erinnern an den einstigen Fernbahnhof. Hier bietet das Restaurant mit Barbetrieb „Das Edelweiss" Erfrischungen und feine Küche. Richtung Lausitzer Platz begrenzt das 1987 eröffnete Spreewaldbad das Parkareal.

Höhepunkt dieses Bereiches sollte eine schwungvolle, den berühmten Sinterterrassen des Dorfes Pamukkale bei Denizli in Westanatolien (Türkei) nachempfundene Kaskade sein. Das ambitionierte Projekt scheiterte an erheblichen Baumängeln. Von dem bereits fertiggestellten Bauwerk blieb nur der terrassenartige Rohbau im Hang des begrünten Hallenbades erhalten. Was einmal als Kinderparadies mit Planschbecken geplant war, ist nun ein Sammelplatz für Jugendliche.

Nicht nur dieser architektonische Brunnen war eine Fehlplanung – nach der Meinung mancher Experten ist die gesamte Parkanlage missglückt, weil man bei ihr die Grundregeln für städtische Volksparks nicht beherzigte: klare, alltagstaugliche Strukturen zu schaffen und dabei bewusst auf zu viel Zierat zu verzichten, wie es Berlins Gartendirektor Erwin Barth (1880 bis

1933) in den 1920er Jahren gefordert und vorbildlich umgesetzt hatte.

Nicht etwa, dass der Park deshalb bei den Anwohnern unbeliebt wäre – im Gegenteil, von offizieller Seite klagt man, dass eher zu viele Menschen die Grünfläche nutzen. An manchen warmen Sommerwochenenden verschwindet der Görlitzer Park geradezu unter Sitzdecken und einer dichten Rauchglocke unzähliger Grills. Neben den Liegewiesen, auf denen die Kreuzberger picknicken, lesen, entspannen, musizieren und feiern, gibt es im Görlitzer Park leider auch viele schlecht einsehbare Bereiche, in denen es weniger lebensfroh zugeht. Es mag aus heutiger Sicht naiv gewesen sein, der spannungsreichen Realität des dichtbevölkerten Stadtteils ein grünes Gegenmodell mit didaktischem Anspruch entgegensetzen zu wollen. Die engagierten Schöpfer des Parks jedenfalls sehen sich heute mit Nutzungsformen konfrontiert, die ihre gärtnerischen oder umweltorientierten Ideale rücksichtslos mit Füßen treten – und in manchen Bereichen vor allem den Drogenhandel gedeihen lassen.

Görlitzer Straße, Görlitzer Ufer, Wiener Straße, Skalitzer Straße,
10997 Berlin
Freie Planungsgruppe Berlin unter Leitung des Landschaftsarchitekten Martin Heisig 1987–96
Kinderbauernhof: Tgl. außer Mi 10–19 Uhr, Sa/So 11–18 Uhr

▷ U Görlitzer Bahnhof

Mauerpark

Der Mauerpark strotzt vor Vitalität und Volksfeststimmung, ganz so, als wolle er stets von neuem beweisen, welchem glückseligen Moment der Geschichte er seinen Namen verdankt. Die Bezeichnung „Mauerpark“ ist nämlich eine Wortschöpfung aus der Zeit, als Berlin noch ganz unter dem Eindruck des Mauerfalls stand. Wo sich heute Woche für Woche Menschen aus aller Welt versammeln, um zu trödeln, zu musizieren oder einfach nur zu feiern, stand das martialische Symbol der Teilung Berlins und der Welt – ein Stück des „Eisernen Vorhangs“. Als diese spannungsgeladene Epoche in Europa überwunden und die Grenze aus Berlin verschwunden war, machte man den Bewohnern ein Stück ihrer Stadt zugänglich, das 28 Jahre lang nur Grenztruppen der DDR betreten hatten. 1993 wurde aus dem hermetisch abgeriegelten Mauerstreifen entlang der Schwedter Straße der beliebte Mauerpark.

Das sieben Hektar große Gelände an der Nahtstelle der Innenstadt-Ortsteile Prenzlauer Berg und Mitte erstreckt sich von der Bernauer Straße, Ecke Eberswalder Straße, dem Verlauf der hier aufgehobenen Schwedter Straße folgend, bis zum Bahngraben des S-Bahn-Ringes nahe der Gleimstraße. Östlich des Grünzuges grenzen das Ludwig-Jahn-Stadion, die Max-Schmeling-Halle und der Falkplatz an. 2012 wurde die Erweiterung des Mauerparks um weitere fünf Hektar Richtung Westen bis zum Stadtteil Wedding beschlossen. Unter Federführung der Gesellschaft Grün Berlin und des Landschaftsarchitekten Gustav Lange soll die Erweiterung in Abstimmung mit einem Bürgerverein gestaltet werden. Vom Hamburger Gustav Lange stammt der Entwurf für den bestehenden Abschnitt.

Das Terrain des Mauerparks hat nicht nur eine politische, sondern auch eine industrielle Vergangenheit: 1872 entstand hier der Güterbahnhof der Nordbahn, die nach Stralsund führte. Nachdem der Güterverkehr aufgrund der politisch-wirtschaftlichen Teilung der Stadt nach dem Zweiten Weltkrieg eingestellt wurde, nutzten Gewerbetreibende das ehemalige Bahngelände. Am 13. August 1961 rückten Bauarbeiter und Soldaten der DDR an und errichteten eine Barriere aus Stacheldraht. Die Stellen, an denen damals in der Schwedter Straße die Grenzpfähle in das Pflaster gerammt wurden, sind heute durch besondere Pflastersteine markiert. Aus der Luft betrachtet bot sich bald eine bizarre Szenerie: Östlich der Grenze entstand schon bald der sogenannte Todesstreifen, westlich davon, unmittelbar im Schatten der Mauer, gingen die Kleinunternehmer weiterhin ihrem alltäglichen Gewerbe nach.

Am 11. November 1989 stand dieses Stück Grenze im Fokus der Weltöffentlichkeit. 24 Stunden nach der überraschenden Öffnung der innerstädtischen Grenzübergänge „fiel" hier tatsächlich das erste Stück der Berliner Mauer. Von der DDR-Grenztruppe wurde im Verlauf der Bernauer Straße eine Schneise in das Bollwerk geschlagen, durch die sich bald überglückliche Menschen zwängten.

Einige Meter der ehemaligen Grenzanlage sind erhalten geblieben. Auf einem Hügel, der 1951 für das Jahn-Stadion aufgeschüttet wurde, nutzen Sprayer Reste der einstigen Hinterlandmauer als Leinwand.

Bei der Anlage des Parks sollte die Vergangenheit des einstigen Niemandslandes nicht gänzlich verdrängt werden, und so verwandelte man das Gelände bewusst nicht in eine anheimelnde Landschaft. Weitläufige Wiesenflächen prägen die Grünanlage westlich des Jahn-Stadions. Nur der nördliche Teil des Mauerparks ist kleinteilig und dichter bewachsen. Hier, hinter dem Gleimtunnel, findet man einen Kinderbauernhof mit Koppeln für Ponys, Ziegen und Schafe, eine Streuobstwiese mit Apfelbäumen, einen Kinderspielplatz und einen haushohen Kletterfelsen. Die „Schwedter Nordwand" wird von einem Alpin-Club genutzt (Tel.: 34508804, www.alpinclub-berlin.de).

In diesem Abschnitt wurde auch ein gartenkünstlerisch anspruchsvoller Schmuckplatz angelegt. Er liegt etwas versteckt hinter dem ehemaligen Bahndamm und ist durch eine Pforte von der angrenzenden Straße erreichbar. Die Anlage wirkt wie ein historischer Gartenhof. Mit regelmäßigen, quadratischen Blumenbeeten, eingefasst von Buchsbäumen, einer Hainbuchenhecke und Bänken, stand die Gartenkunst der Renaissance Pate. Runde Stahlbehälter dienen als Blumenkästen. Leider befindet sich das Kleinod in bedauernswert vernachlässigtem Zustand.

In Nachbarschaft zum Falkplatz, in Verlängerung der Gaudystraße, befindet sich ein zweiter Spielplatz mit kunterbuntem Kletterturm aus Holz. Daran grenzt ein Birkenhain, der aus dem alten Pflasterbelag der Bahnanlage wächst.

Der Großteil des Mauerparks ist durch klare Strukturen gekennzeichnet. Entlang der Achse der Schwedter Straße ordnete Planer Gustav Lange geometrische Plätze an, deren Gestaltung an antike bzw. archaische Versammlungsorte erinnert. Ein schlichtes Amphitheater ist im Stadionhang eingebettet und erfreut sich größter Beliebtheit. Legendär ist die Karaoke-Show, die dort an den Sonntagen im Sommerhalbjahr stattfindet. Den damit verbundenen Ansturm hat der Landschaftsarchitekt offenbar vorhergesehen, denn er schuf überwiegend alltagstaugliche Plätze mit Bäumen, die landschaftliche Akzente setzen und Schatten spenden. Auf zierliches Beiwerk verzichtete er weitgehend. Die Grünanlage sollte robust sein. Große Granitblöcke dienen deshalb als Sitzgelegenheit, Schottersteine als Bodenbelag und Findlinge als Begrenzungen.

Der Park steht ganz oben auf der Hitliste von Touristen und Wahl-Berlinern. Bis zu 50 000 Besucher kommen an schönen Wochenenden in den Mauerpark. Die Beliebtheit bei einem feierfreudigen jungen Publikum ist jedoch auch Grund dafür, dass der Mauerpark zu einem Problemkind geworden ist. Die Spaßgesellschaft hinterlässt deutliche Spuren: Trotz des geringen Alters ist das Grün in einem Zustand, der es als Erholungsfläche für die Anwohner fast unbrauchbar macht.

Bernauer Straße, Schwedter Straße, Gleimstraße, 10435 Berlin
Gustav Lange, 1992–94
Jugendfarm Moritzhof: Schwedter Straße 90; Mo–Fr 11.30–18.30 (winters bis 18 Uhr), Sa 13–18 Uhr; Tel: 44 02 42 20;
www.jugendfarm-moritzhof.de
Sonntags Flohmarkt

▷ U Bernauer Straße, U Eberswalder Straße und Tram M10

Natur-Park Südgelände

Der Natur-Park Südgelände in Schöneberg-Tempelhof ist ein Paradies für Naturliebhaber und gehört zu den faszinierendsten Grünanlagen in der Berliner Parklandschaft. Seine unvergleichliche Atmosphäre aus wild wuchernden Pflanzen, Relikten eines vergangenen Eisenbahnzeitalters, kombiniert mit Kunst und Kultur, atmet Poesie. Entstanden auf dem ehemaligen Rangierbahnhof Tempelhof, führt uns der Natur-Park den langsamen Sieg der Natur über die Errungenschaften der Industrie vor Augen. Statt kraftvoller Maschinen und hektischer Betriebsamkeit herrschen auf dem 1952 stillgelegten Bahngelände nun Flora und Fauna. Erstaunlich viele bedrohte Arten haben sich angesiedelt: Das Südgelände ist Lebensraum für 30 Brutvogel-, 57 Spinnen-, 95 Wildbienen-, 15 Heuschrecken- und über 350 Pflanzenarten sowie für 49 Großpilze.

Gut ein Drittel der 18 Hektar umfassenden Stadtwildnis nimmt das Naturschutzgebiet Große Wiesenlichtung ein. Dieses sogenannte Offenland-Biotop mit der typischen Vegetation eines baumlosen, trocken-warmen Geländes gilt als die artenreichste Brachfläche im bebauten Bereich Berlins. Die trockenen und nährstoffarmen Kies- und Schotterböden der verwaisten Gleisbette bieten ideale Bedingungen für Pflanzen und Insekten, die in einer von Agrar- und Forstwirtschaft dominierten Landschaft um ihr Überleben kämpfen. Hier wachsen unter anderem das Habichtskraut, die violette Flockenblume, die Gemeine Sichelmöhre, das Seifenkraut und das Weidenröschen. Nachtkerzen leuchten zwischen den Gräsern. Zauneidechsen sonnen sich auf rostigen Schienen, Heidegrashüpfer springen umher, und neben Honigbienen schwirren Kuckucksbienen und der räuberische Bienenwolf – eine jagende Wespenart – durch die Lüfte.

Damit das sensible Biotop erhalten bleibt, wird der Trockenrasen von Sträuchern und Bäumen freigehalten. Regelmäßig weiden Schafe und verschmähen dabei selbst die dornigen Wildrosen nicht. Zum Naturschutz gehört auch, die Natur zu zügeln.

Außerhalb der sonnigen Wiesenlichtung, wo dem natürlichen Zyklus von Erobern und Verdrängen kein Einhalt geboten wird, kann man betrachten, wohin die urwüchsigen Kräfte unbeschränkten Wachstums führen. Ein wahrer Dschungel grenzt an das Naturschutzgebiet, ein Dickicht aus Sträuchern, die von Schlingpflanzen überwuchert, und Bäumen, die von Kletterpflanzen umrankt werden. Robinie, Holunder, Linde, Spitz-Ahorn und Stieleiche konkurrieren mit Hopfen, Waldrebe und Wildem Wein um einen Platz an der Sonne – zur Freude der Vögel: Rotkehlchen, Nachtigallen und Zaunkönige tummeln sich hier.

Daran, dass in dieser Wildnis einst täglich 69 Lokomotiven verkehrten und 360 Reichsbahner arbeiteten, erinnern nicht nur die moosbewachsenen Schienen am Boden. Verrottete Lichtmasten, erhaltene Wasserkräne und alte Kabelschächte entdeckt man im Gestrüpp, sogar die Ruine eines Stellwerks ist im nördlichen Ruderalwald zu finden.

Die Wildnis des Natur-Parks ist durch zwei behindertengerecht ausgebaute Rundwege erschlossen. Der Große Rundweg führt auf 2,7 Kilometer durch das Naturschutzgebiet und folgt dem Verlauf der Gleise. Damit die Spaziergänger die Natur nicht stören, ist der Pfad als Steg angelegt, der auf Eisenrohren einen halben Meter über dem Erdboden ruht. Stahlskulpturen der Künstlergruppe ODIOUS bilden Wegmarken und ergeben eine gelungene Symbiose aus Kunst und Natur. Ein imposanter Hochsitz aus Stahl dient als Aussichtsturm. Durch eine mannshohe Stahlröhre führt der etwa ein Kilometer lange Kleine Rundweg zur (bis heute funktionstüchtigen) Drehscheibe des ehemaligen Bahngeländes.

Dass die Bahngeschichte im Natur-Park Südgelände noch sehr präsent ist, wird schon am Haupteingang neben dem S-Bahnhof Priesterweg deutlich. Dort überspannt eine massige ehemalige Eisenbahnbrücke den Zugang. Dahinter befinden sich eine große Werkstatthalle und das Gebäude der „Brückenmeisterei West" mit Infozentrum und Café, das an den Wochenenden geöffnet ist (11–18 Uhr). Das denkmalgeschützte Ensemble ist auch Zentrum der Theater- und Musikveranstaltungen, die im Sommer auf dem Südgelände stattfinden. Im Dezember lockt ein Adventsmarkt. Sehenswert ist das Kunstareal gleich neben der Halle. Großskulpturen aus Stahl und Installationen sind ausgestellt, die mit der Vergangenheit des Geländes zu tun haben: alte Loren, geordneter Schrott, zigtausend Schrauben für Gleise, aber auch künstliche Bäume aus Stahl.

Mittendrin steht der alles überragende Wasserturm. Ein 50 Meter hoher Gigant aus Stahl, der nicht nur ein Wahrzeichen des Geländes ist, sondern auch ein eindrucksvolles Beispiel Berliner Verkehrsbauten. Er entstand 1927, als der Betriebsbahnhof modernisiert wurde, und besitzt einen Kugelbehälter für fast 382 Kubikmeter Wasser. Heute nisten Turmfalken auf dem sachlich gestalteten Riesen.

Der Rangierbahnhof Tempelhof ging 1889 in Betrieb, wurde mehrfach erweitert und zu einem wichtigen Verschiebebahnhof umgebaut. Infolge der Teilung der Stadt fiel er Mitte des 20. Jahrhunderts in einen Dornröschenschlaf.

Ungestört konnte sich in den darauffolgenden Jahrzehnten ein einzigartiger Naturraum bilden, der jedoch stets durch Pläne zur Reaktivierung des Güterbahnhofs bedroht war. Eine Bürgerinitiative setzte sich ab 1980 für das einmalige Refugium bedrohter Pflanzen und Tiere ein und schlug vor, es für Erholungssuchende zugänglich zu machen. Nachdem die Deutsche Bahn das Areal der Stadt überlassen hatte, konnte mit Unterstützung der Allianz Umweltstiftung ab 1996 der Natur-Park Realität werden. Im Jahr 2000 wurde er eröffnet und im Rahmen der Expo in Hannover als naturfreundliches Projekt vorgestellt.

Als Erinnerung an die frühere Nutzung und besondere Attraktion steht eine große historische Dampflokomotive im Park. Durch die Lage zwischen zwei Bahntrassen sorgt die Klangkulisse vorbeifahrender Züge dafür, dass die Vergangenheit auch akustisch lebendig bleibt.

In Nachbarschaft zum Natur-Park Südgelände wurde 2004 der Hans-Baluschek-Park angelegt. Auf einer Breite von nur 50 Meter verläuft er 1,5 Kilometer lang parallel zur S-Bahn-Strecke Priesterweg—Südkreuz und ist mit seinem ebenerdigen Asphaltweg ein Paradies für Jogger, Radfahrer und Skater.

Prellerweg 47–49/Priesterweg, 12157 Berlin; Tel.: 70 09 06 24;
www.suedgelaende.de
Arbeitsgemeinschaft planland/Ökocon 1996–2000
Tgl. ab 9 Uhr bis Einbruch der Dunkelheit
Keine Fahrräder, keine Hunde

▷ S Priesterweg, Bus X76

Park am Nordbahnhof

Der Park am Nordbahnhof am westlichen Ende der Bernauer Straße hat eine erstaunliche Metamorphose hinter sich. Vor gut drei Jahrzehnten war dies ein lebensfeindliches Gebiet, eine militärische Hochsicherheitszone, in der sprießendem Grün schnell mit Unkrautvernichtungsmitteln der Garaus gemacht wurde. Eine Wüste in der Stadt, ein „Todesstreifen“. Spaziert man heute über das Gelände des ehemaligen Nordbahnhofs, so fasziniert die reiche Vegetation, die hier seit 1990 gewachsen ist – seit dem Jahr, in dem die Berliner Mauer aus dem Stadtgebiet verschwand und damit das Bahnareal nicht mehr Teil der Grenze war. Ahorne, Birken, Hainbuchen, Heckenrosen, Kiefern, Linden und Pappeln stehen heute hoch und üppig, auf den Wiesen blühen Hochstauden. Als „Spontanvegetation“ werden Gewächse bezeichnet, die ohne menschliches Zutun auf den Ruinen der Geschichte gedeihen. Man mag in ihnen hoffnungsvolle Zeichen erkennen, dass das Leben von der Zivilisation zerstörte Gebiete rasch zurückerobert.

Im neuentstandenen Park am Nordbahnhof soll die Zivilisation auch zukünftig nur eine Gastrolle spielen. Die Biotope für Pflanzen und Tiere wurden so bewahrt, wie sie sich herausgebildet haben, gestalterische Elemente auf ein Minimum beschränkt. Erholungssuchende dürfen sich nur auf den angelegten Wegen und Plätzen aufhalten und bewegen. In der Nacht ist das Grün verschlossen. Nur auf der westlichen Fläche des einstigen Bahngeländes, entlang der Caroline-Michaelis-Straße, darf der Stadtmensch sich entfalten und austoben. Hier befindet sich ein beliebter Freizeittreff mit Beachvolleyballplätzen. Unter dem Namen „BeachMitte" lockt der private Betreiber zugleich mit einem Kletterparcours und einer „Strandbar". Ein Zeugnis der ehemaligen Grenze, die sogenannte Hinterlandmauer – bunt mit Grafitti besprüht –, trennt heute den Vergnügungsbereich von der Vegetation.

Friedlich und idyllisch ist die Atmosphäre im Naturpark, ausgelassen die Stimmung auf dem Areal von „BeachMitte", Jogger laufen durch die Grünfläche. Knapp 30 Jahre lang war der Lauf über das ehemalige Bahngelände lebensgefährlich. Nachdem Berlin am 13. August 1961 durch den Bau der Mauer endgültig in zwei Hälften geteilt worden war, wagten immer wieder Menschen aus Ost-Berlin und der DDR die Flucht durch die bewachte Schneise – trotz gezielter Schüsse und gnadenloser Verfolgung. Beinah täglich kam es in den ersten beiden Jahren nach Mauerbau zu riskanten Fluchten oder Fluchtversuchen.

Die lange Backsteinmauer des Nordbahnhofs entlang der Gartenstraße markierte damals den Verlauf der Grenze zu West-Berlin. Für den 18-jährigen Ottfried Reck wurde sie zur Todesfalle. Am 27. November 1962 traf ihn beim Versuch, dem totalitären Regime zu entkommen, der Schuss eines DDR-Grenzsoldaten. Er sollte nicht das einzige Opfer bleiben.

Doch auch von erfolgreichen Fluchten kann man berichten. Am 9. September 1962 etwa hatte sich ein 19-Jähriger auf das

Gelände des Nordbahnhofs und dort bis zur Grenzmauer an der Gartenstraße geschlichen. Fast hatte er die Sperre überklettert, als auf ihn geschossen wurde. Ein schrecklicher Moment, denn wenige Tage zuvor war nicht weit entfernt, in der Bernauer Straße, Ernst Mundt auf der Flucht erschossen worden. Glücklicherweise verfehlte die Kugel diesmal ihr Ziel. Der Junge konnte von der hohen Bahnhofsmauer in den Westteil der Stadt springen, wobei er sich am Bein verletzte.

Bekannt wurde auch die geglückte Flucht eines Bahnarbeiters. Vertraut mit den Baulichkeiten, suchte er sich sein Schlupfloch in der Unterwelt des Nordbahnhofs. In einem der Gänge schlug er von der Ostseite her ein Loch in den zugemauerten Eingang an der Gartenstraße und konnte unbemerkt und unbehelligt in den Westen gelangen.

Oberhalb der rund einen Kilometer langen Stützmauer verläuft heute zur Erinnerung an die 28 Jahre währende Teilung der Berliner Mauerweg. Er führt durch einen schmalen Birkenhain am Rand des Parks.

2003 wurde das rund 5,5 Hektar große, von allen Grenzanlagen geräumte Areal für die Bevölkerung begehbar gemacht. Es liegt auf einem Plateau etwa 3,5 Meter über dem Straßenniveau und verbindet die Ortsteile Mitte und Wedding. Ein Weg erstreckt sich vom Haupteingang an der Julie-Wolfthorn-Straße bis zur alten Eisenbahnbrücke (Liesenbrücke) an der Liesenstraße. Dort verengt sich die Grünanlage, weil die S-Bahn an dieser Stelle den Nord-Süd-Tunnel verlässt. Weitere Zugänge gibt es an der Schwartzkopffstraße und gegenüber dem Gartenplatz.

Um Menschen von dem schützenswerten und empfindlichen Trockenrasen fernzuhalten, sind die Wiesen mit einem Geländer, einer Art „Reling“, eingefriedet. Zum Liegen und Spielen stehen zwei kleine Bereiche zur Verfügung, die mit skurril geformten Gebilden geschmückt sind.

Auffällig sind die vielen Stapel aus Bordsteinen und roten

Sandsteinblöcken, die auf dem gesamten Gelände zu sehen sind. Es handelt sich um Material, welches vor Ort gefunden wurde und nunmehr der Natur als weiterer Schlupfwinkel dient.

Mit einem Bodenmosaik aus Natursteinplatten wurde am Haupteingang der „Bildhauerplatz“ erschaffen.

Auf dem Spaziergang schreitet man auch über altes Kopfsteinpflaster und Gleise, die darin eingelassen sind. Sie erinnern an die ursprüngliche Nutzung des Parkgeländes vor dem Mauerbau. Der Nordbahnhof, der bis Ende des Zweiten Weltkriegs Stettiner Bahnhof hieß, war einer der wichtigsten Kopfbahnhöfe Berlins. 1842 eröffnet, gehörte er zu den ersten Bahnhöfen der Stadt und entwickelte sich zum beliebtesten Ferienbahnhof. Vom Empfangsgebäude an der Invalidenstraße fuhren die Züge in Richtung Ostseebäder. 1951 wurde der Betrieb endgültig eingestellt, nach dem Bau der Mauer folgte der Abriss des 1874–76 errichteten Bahnhofsgebäudes von Theodor August Stein. Erhalten blieb allein das zwischen 1895 und 1903 errichtete Gebäude der Stettiner Vorortbahn an der Zinnowitzer Straße, in dem heute ein Restaurant betrieben wird.

Julie-Wolfthorn-Straße, Gartenstraße/Caroline-Michaelis-Straße,
10115 Berlin
Fugmann & Janotta 2003
Sommers tgl. 6.30–22 Uhr; winters tgl. 7.30–19 Uhr

▷ S Nordbahnhof, Tram M8, M10

Tilla-Durieux-Park

Der Tilla-Durieux-Park ist die Sonnenbank des Potsdamer Platzes und eine gutbesuchte Alternative zu den Bürokantinen. Insgesamt jedoch gleicht das modern gestaltete Gelände eher einer Skulptur als einem Park.

Die Grünanlage zwischen Potsdamer Platz und Landwehrkanal ist ein wichtiger Bestandteil des wiederaufgebauten Stadtzentrums im Herzen der Hauptstadt. Im ihrem 1991 gekürten Entwurf für die neue City am Leipziger und Potsdamer Platz sahen die Architekten Heinz Hilmer und Christoph Sattler einen großzügigen Freiraum entlang der Linkstraße vor. Nach ihren Vorstellungen sollte jedoch eine Wasserfläche statt des realisierten Grüns entstehen. Damit wollten sie – gemeinsam mit dem keilförmigen Henriette-Herz-Park nördlich des Sony-Centers – die von ihnen vorgeschlagene kompakte Großstadtbebauung auflockern. Von Bedeutung war auch der stadtökologische Aspekt der beiden Freiräume, die vom Norden und Süden auf den Potsdamer Platz zuführen. Durch sie sollte eine

Durchlüftung der neuen City gewährleistet werden. Die angestrebte und von politischer Seite geforderte Frischluftschneise ist tatsächlich sehr effektiv – wenn auch wegen des steten Zugwindes am Potsdamer Platz nicht immer angenehm für Fußgänger.

Durch den Tilla-Durieux-Park und den Henriette-Herz-Park entstand auch eine grüne Verbindung zwischen dem Großen Tiergarten und dem Park am Gleisdreieck bzw. dem Mendelssohn-Bartholdy-Park am Reichpietschufer, Ecke Köthener Straße.

Die neuen Parks spiegeln auch die Situation am Potsdamer Platz während der Teilung der Stadt wider. Westlich der Berliner Mauer erstreckte sich bis zum Kulturforum eine riesige Brache, die nur rudimentär bebaut bzw. genutzt wurde. Besonders die spärliche Gestaltung des 450 Meter langen Tilla-Durieux-Parks vermittelt einen Eindruck von der Weite, die bis zur Neubebauung des Viertels in dieser Gegend herrschte. Diese für Berlin typische „großräumliche Offenheit" wollten die Architekten Hilmer und Sattler bewusst bewahren. Ihre Intention griff das Büro DS Landschaftsarchitekten für den Tilla-Durieux-Park auf, in dem sie auf jede Art traditioneller Bepflanzung verzichteten. Die um die Jahrtausendwende entstandene Grünanlage besteht lediglich aus einer Rasenfläche, die bis zu 3,5 Meter aus dem Boden emporragt und auf dem ersten Blick wie ein Deich oder eine Düne geformt zu sein scheint. Lediglich am Reichpietschufer stehen auf einer mit feinem Schotter befestigten Ebene ein Dutzend Kastanienbäume. Das kurze Stück zwischen dem Ende des Rasenhangs und der Uferstraße dient jedoch in erster Linie der bequemen Erreichbarkeit des U-Bahnhofs Mendelssohn-Bartholdy-Park. Als kleine Konzession an traditionelle Gartenkunst sind hier im Steilhang zwei Rosenbeete gepflanzt.

Betrachtet man das Geländeprofil der Rasenfläche genauer, erkennt man eine in die Länge gezogene, wellenartige Bewegung des erhöhten Terrains. Das abgeschrägte Querprofil an den Kopfenden kippt entlang der Längsachse des Parks allmählich auf die entgegengesetzte Seite; liegt die Spitze des Rasenhangs am Potsdamer Platz an der östlichen Grünkante, so befindet sie sich am Landwehrkanal an der gegenüberliegenden, westlichen Seite neben der Linkstraße.

Am Scheitelpunkt dieser langgezogenen Verbindung, wo das deichartige Gelände eine Horizontale bildet, ist die Rasenfläche unterbrochen. Auf Höhe der Brüder-Grimm-Gasse teilt ein ebener Platz das Grün, das hier rund anderthalb Meter über Straßenniveau liegt. Betonmauern stützen das Erdreich ab. Auf dem Platz stehen fünf überdimensionierte Wippen mit einer Länge von 21 Meter. Das bewegte Motiv des Parks wird hier auf spielerische Art übersetzt. Inzwischen sind die Riesenwippen, die anfangs für jedermann benutzbar waren, leider aus Sicherheitsgründen gesperrt. Das ist nicht das einzige Problem, welches das Konzept des Tilla-Durieux-Parks durchkreuzt. An den Kopfenden führt der extreme Winkel der Rasenböschung immer wieder zu Erdrutschen.

Durch den hohen Grad der Abstraktion, die an die monochrome Kunst der Nachkriegsmoderne erinnert, fällt es manch einem schwer, in der Grünanlage am Potsdamer Platz einen Park zu sehen. Gleichwohl sind die Qualitäten für dieses Stadtquartier nicht von der Hand zu weisen. Die hochliegende Rasenfläche ist ein Ruhepol in dem hektischen Geschäftsviertel und wird an Sommertagen sehr gerne zum Sonnetanken während der Arbeitspausen genutzt. Durch die Hanglage hat man nicht nur einen einmaligen Blick auf die zeitgenössische Architektur längs des Parks, die künstliche Erhöhung bringt auch Abwechslung in die ansonsten plane Innenstadt. Promenaden mit Bänken und Linden flankieren den Park an den Längsseiten.

Die Ausdehnung des Parks, der nach der bekannten Berliner Schauspielerin Tilla Durieux (1880–1971) benannt ist (sie trat vor der NS-Zeit an den Bühnen des Regisseurs Max Reinhardt auf), ist zwar Ergebnis des städtebaulichen Planes von 1991 –

der Grundriss hat jedoch historische Bezüge. Auf dem langgezogenen Gelände befand sich bis zur Zerstörung im Zweiten Weltkrieg der Potsdamer Bahnhof, der Bahngeschichte schrieb.

Im Oktober 1838 eröffnete die erste Eisenbahnstrecke in Preußen zwischen Berlin und Potsdam. Da die Steuerbehörde in Berlin fürchtete, mit Einführung des neuen Verkehrsmittels könnte der Schmuggel aufblühen, mussten Züge vor der Zollmauer halten, die Berlin damals noch umgab. Der bescheidene Bahnhalt entstand deshalb auf freiem Feld vor dem Potsdamer Tor. Dem anschließenden Siegeszug der Bahn verdankte der Platz schließlich seinen Aufstieg zu einem pulsierendem Mittelpunkt Berlins.

In den Jahren 1869–72 wurde ein komfortabler Bahnhof mit glasgedeckter Halle erbaut. In der 172 Meter langen und rund 37 Meter breiten Bahnhofshalle endeten vier Gleise. Den Kopfbahnhof gestalteten die Architekten Weise, Doebner und Sillich im Stil der Neorenaissance. Das markante Gebäude prägte das Gesicht des Potsdamer Platzes, der in den 1920er Jahren nicht zuletzt wegen seines lebhaften Verkehrs zur Legende wurde.

Als Folge der Teilung Berlins nach dem Zweiten Weltkrieg wurde der kriegszerstörte Potsdamer Bahnhof am Schnittpunkt der Grenze 1958 abgerissen. Das Gelände der stillgelegten Strecke blieb Hoheitsgebiet der DDR und verwaiste.

Mit der Eröffnung der Nord-Süd-Eisenbahnstrecke erlebte der Potsdamer Bahnhof als unterirdischer Halt im Jahr 2006 seine Wiedergeburt. Der Bahntunnel verläuft genau unterhalb des Tilla-Durieux-Parks.

Potsdamer Platz, Linkstraße, Reichpietschufer,
Gabriele-Tergit-Promenade, 10785 Berlin
DS Landschaftsarchitekten (ebenso Henriette-Herz-Park mit Shlomo Koren) 2004

▷ S/U Potsdamer Platz, U Mendelssohn-Bartholdy-Park

Spreebogenpark – Moabiter Werder

Im Zuge des Ausbaus zur gesamtdeutschen Hauptstadt erhielt Berlin zwei neue Parkanlagen im politischen Zentrum. Nach der Jahrtausendwende entstanden der Spreebogenpark und der Park auf dem Moabiter Werder. Die benachbarten Anlagen, nur durch den Lauf der Spree und das Kanzleramt getrennt, bilden eine grüne Verbindung zwischen dem Sitz des Bundespräsidenten und dem des Bundestages. Von zwei verschiedenen Büros entworfen, unterscheiden sie sich in ihrer Gestaltung und Anmutung. An den attraktiven Uferpromenaden flanieren Berlin-Besucher aus aller Welt.

Aus dem Wettbewerb um die Begrünung des Bereichs Spreebogen gingen die Landschaftsarchitekten Weber & Sauer 1997 als Sieger hervor. Die reizvolle Aufgabe, einen „Park der Demokratie" zu kreieren, hatte 152 Büros zur Teilnahme an dem Auswahlverfahren ermutigt. Stark symbolisch aufgeladene Entwürfe jedoch verwarf die Jury bald und entschied sich stattdessen für eine zurückhaltende und neutrale Form der

Grüngestaltung – eine gute Entscheidung, ging es doch nicht zuletzt um die Selbstdarstellung des geeinten Deutschland.

Die Schweizer Weber & Sauer schufen auf sechs Hektar eine Art Abstandsgrün zu den voluminösen Gebäuden von Parlament und Kanzleramt. Der Rasen auf dem Grundriss eines großen Fächers besitzt nur an den Rändern Baumgruppen. Zur Spree hin steigt die breite Wiese an und eignet sich als Aussichtspunkt auf das politische Herz Deutschlands. Umgekehrt wird durch die künstliche Anhöhe die Größe des Hauptbahnhofs am gegenüberliegenden Spreeufer kaschiert.

Clou des Parks ist das in die schiefe Rasenebene eingeschnittene „Landschaftsfenster“ im Scheitelpunkt des Spreebogens. Dabei handelt es sich um eine Art Korridor, der sich ohne Gefälle bis zum Flussufer erstreckt. Bis zu vier Meter hohe Stahlwände dienen als Stützmauern für die angrenzenden Rasenschrägen.

Die Grünanlage durchziehen nur vier gradlinig verlaufende Wege. Ausgerechnet die Hauptverbindungen mit starkem Passantenstrom werden durch die „provisorische“ Straßenumleitung an der Schweizer Botschaft unterbrochen. Wo sich die zwei östlichen Parkwege kreuzen, befindet sich ein kleiner Unterstand neben einer Gehölzgruppe.

Äußerst gut gelungen ist die geschickte und barrierefreie Überbrückung der starken Höhenunterschiede im Bereich der Spree, und auch die zwei schmalen Rampen, welche die Grünanlage mit der vier Meter tiefer liegenden Uferpromenade verbinden, sind attraktiv gestaltet. Sie sind gärtnerisch geschmückt und unterschiedlich bepflanzt. Während die Rampe zur Kronprinzenbrücke als unprätentiöse „Gartenspur“ für Wildstauden angelegt ist, zeigt die Rampe zur Moltkebrücke anspruchsvolle Gartenkunst. Hinter der Kaimauer versteckt, befinden sich auf dem abfallenden Gelände kleine Blumenbeete, die mit beschnittenem Buchsbaum eingefasst sind. Die geometrischen Formen sind zwar unkonventionell, aber eindeutig eine Reminiszenz an die Zeit des Barock. Stahlstege überbrücken den tiefliegenden Garten. Von der hofartigen Anlage führt der Weg zum Spreeufer (Ludwig-Erhard-Ufer) durch die Kaimauer. Um einen auffälligen Eingang zu schaffen, wurde ein Stück der Kaimauer herausgezogen.

Entlang des Ludwig-Erhard-Ufers zieht sich ein schmaler Rasenstreifen entlang des Flusses, der im Sommer bei Sonnenanbetern sehr beliebt ist. Lebhaft geht es auch vor den Ausschänken zu, die an der Uferpromenade Passanten, Reisende und Nachtschwärmer gleichermaßen anlocken.

Der 2005 eingeweihte Spreebogenpark ist weder idealisierte Naturkulisse noch repräsentatives Schmuckwerk noch vorgegaukelte Wildnis. Er dient auch nicht der Volksbeglückung. Er ist ein Freiraum, den sich die Besucher nach ihren Bedürfnissen aneignen können.

Im Gegensatz dazu bietet der Park auf dem Moabiter Werder, trotz seiner bescheidenen Größe, eine überraschende Vielfalt an gartenkünstlerischen Akzenten. Das Gelände mit dem idyllischen Namen wurde seit Mitte des 19. Jahrhunderts gewerblich genutzt, davon fast 100 Jahre als Güterbahnhof „Spreeufer". Im Rahmen des Hauptstadtumzuges von Bonn nach Berlin entstand auf dem unansehnlichen Areal nördlich von Tiergarten und Spree eine attraktiv gelegene Wohnanlage für Abgeordnete und Mitarbeiter des Bundestags. In der Mitte des alten Bahngeländes wurde der Park des Kanzleramtes angelegt. Errichtet auf einem vier Meter hohen Plateau, ist er nicht nur unzugänglich, sondern auch uneinsehbar.

Seit 2004 kann man am Nordufer der Spree zwischen Moltkebrücke und Lutherbrücke entlangspazieren. Diese 20 Meter breite Promenade (Magnus-Hirschfeld-Ufer) ist ein Gewinn für Berlin. Zur ihrer Attraktivität trägt auch der gleichzeitig eingeweihte Park zwischen Kanzlerpark, Bundeswohnungen und dem ehemaligen Verwaltungsbau des Güterbahnhofs bei. Die Anlage ist eine lockere Komposition aus Gehölzgruppen, Wiesen und strukturierenden Hecken. Wildrosensträucher bilden das Dornröschenwäldchen, der „Paradiesgarten" besteht aus Zierapfelbäumen, und im „Urgarten" kann man sich hinter eine dichte Hecke zurückziehen. Der Wildkirschenhain bietet Ruhe auf einem niedrigen Plateau. Drei kunstvoll zu Fabeltieren geschnittene Eiben an der Promenade erinnern an die ferne Zeit, als Kurfürsten im benachbarten Tiergarten zur Jagd gingen.

Die abwechslungsreiche Bepflanzung sorgt das ganze Jahr hindurch für ein attraktives Naturerlebnis: Im Frühjahr blühen Kirschen, Magnolien, Linden und Schnurrbäume, im Herbst leuchten Birken, Rotahorn-, Eisenholz- und Amberbäume. Hinter einer Hainbuchenhecke versteckt, bietet der Park einen Spielplatz und einen Bolzplatz.

Auf dem Weg zwischen Moabiter Werder und Spreebogenpark liegt das Ausflugslokal „Zollpackhof" (Elisabeth-Abegg-Straße). Der Biergarten grenzt an das Spreeufer und bietet einen Blick auf das Kanzleramt gegenüber.

Spreebogenpark
Otto-von-Bismarck-Allee, Ludwig-Erhard-Ufer, 10557 Berlin
Weber & Sauer (w+s Landschaftsarchitekten) 1997–2005

Moabiter Werder
Paulstraße, 10557 Berlin
Büro Kienast und Vogt, Büro Seebauer, Wefer und Partner, 2000–04
Zollpackhof: Elisabeth-Abegg-Straße; Tel. 33 09 97 20;
www.zollpackhof.de

▷ U Bundestag, S/U Hauptbahnhof, S Bellevue

Geschichtspark Zellengefängnis Moabit

Der Geschichtspark Zellengefängnis Moabit ist eine außergewöhnliche Grünanlage an einem ungewöhnlichen Ort. Sie liegt auf dem Areal einer ehemaligen Haftanstalt und ist von den intakten Gefängnismauern umgeben. Die fünf Meter hohen Backsteinwände schirmen den 2006 eingeweihten Park von der Hektik des direkt gegenüberliegenden Hauptbahnhofs ab und sind wohl auch der Grund dafür, dass die ruhige Oase trotz der zentralen Lage noch immer ein Geheimtipp ist. Dabei ist der Geschichtspark die herausragendste Kreation unter den jüngsten Parks Berlins. Das Konzept, die Vergangenheit des Ortes, der mehr als 100 Jahre als Gefängnis genutzt wurde, durch gärtnerische Elemente wachzuhalten, ist durchweg gelungen. Entstanden ist eine überzeugende Symbiose aus Erholung und Erinnerung.

Die drei Eingänge des Geschichtsparks an der Invalidenstraße, Lehrter Straße und Minna-Cauer-Straße bilden Pforten in eine isolierte Welt. Isolation war auch der Zweck des Zellengefängnisses Moabit, das hier, außerhalb der Stadtmauern, von 1842 bis 1849 erbaut wurde. Der Bau setzte damals sehr fortschrittliche Ansichten zur Unterbringung von Häftlingen um. Kriminalität wurde als eine Art ansteckende Krankheit angesehen, und Fachleute glaubten, die Gefängnisinsassen durch räumliche Trennung vor Rückfällen zu bewahren. Das moderne Gefängnis bestand daher nicht mehr aus den bisher üblichen Gemeinschaftszellen, sondern aus rund 520 Einzelzellen.

Die angestrebte „moralische Läuterung" hatte teils unmenschliche Konsequenzen. Jede Kommunikation unter den Insassen sollte verhindert werden, selbst beim Freigang sollte jedes Gespräch unterbunden werden. Da die Insassen jedoch auf dem Hof miteinander flüsterten, errichtete man bald drei runde Spazierhöfe, die jeweils in 20 Ein-Mann-Pferche unterteilt wurden. Mit hohen Trennmauern versehen, blieben die Häftlinge so auch in den wenigen Freistunden streng voneinander abgeschirmt. Erst 1910 wurden diese inhumanen Höfe abgeschafft.

Bei der Anlage des Moabiter Gefängnisses hatte sich der Architekt und Schinkel-Schüler Carl Ferdinand Busse (1802–68) eng an das Vorbild des Gefängnisses Pentonville in London gehalten, welches aus einem Zentralbau bestand, den vier Flügel für die Zellen und der Verwaltungstrakt sternförmig umgaben. Der Berliner Komplex besaß zudem eine Kirche, eine Schule, Wohngebäude für die Vollzugsbeamten, Gärten, zwei Friedhöfe sowie eine Hinrichtungsstätte. Nach den modernsten Gesichtspunkten errichtet, galt die Moabiter Haftanstalt als Mustergefängnis in Preußen. Erst 1955 schlossen sich für immer die Pforten, und die letzten 300 Gefangenen wurden verlegt. 1958 wurde der Komplex bis auf wenige Reste abgerissen.

Im Geschichtspark werden die wichtigsten Merkmale des einstigen Gefängnisses durch Bodenreliefs, Pflanzungen und wenige Bauten dargestellt. Zunächst ist dies der sternförmige

Grundriss des Bauwerks: Drei der vier Zellenflügel sind erkennbar an ansteigenden oder abgesenkten Rasenebenen. Auf der Fläche des vierten Traktes verdeutlichen Hecken aus Hainbuchen Lage und Größe einzelner Zellen. Eine Haftzelle ist durch Betonwände nachgebildet und kann betreten werden. Geht man hinein, erklingen Zeilen der „Moabiter Sonette", die der Dichter Albrecht Haushofer (1903–45) in seiner Haftzeit 1944/45 verfasst hat. Aus diesem Werk stammt auch das Zitat, das in großen Lettern die Gefängnismauer ziert.

Viereckige, zu einem Würfel gefügte Betonpfeiler markieren den Standort des zentralen Baus, von dem aus die Zellenflügel überwacht wurden. An den kreisförmigen Platz grenzen dichtstehende Blutbuchen, die die Lage des Verwaltungsgebäudes zeigen. Auch die vorher beschriebenen drei Freiganghöfe sind – verschieden gestaltet – kenntlich gemacht. Wacholderbäume stellen die Häftlinge in ihren Höfen dar.

Durch die einfachen Gestaltungselemente und Pflanzungen bekommt man einen Eindruck von der bedrückenden Enge, der die Häftlinge ausgesetzt waren. Die hohe Gefängnismauer, an deren Außenwand drei Beamtenwohnhäuser stehen, verstärkt die beklemmende Wirkung noch. Die Originalbauwerke stehen seit 1992 unter Denkmalschutz.

Einer der prominentesten Gefangenen war der Schuster Wilhelm Voigt, der später als „Hauptmann von Köpenick" bekannt wurde. Als 17-Jähriger kam er für drei Jahre (1866–69) nach Moabit. Es war der Beginn einer langen Haftkarriere. 1878 wurde der 21-jährige Max Hödel wegen eines versuchten Attentats auf Kaiser Wilhelm I. hier hingerichtet. Während der NS-Diktatur dienten Teile der Haftanstalt u.a. als Kerker der Gestapo. Der Schriftsteller Wolfgang Borchert verbrachte hier 1944 über neun Monate Haft wegen „Zersetzung der Wehrkraft". Zu den eingesperrten Oppositionellen zählte auch der Schauspieler und Sänger Ernst Busch (1943). Nach dem gescheiterten Hitler-Attentat am 20. Juli 1944 wurden Widerstandskämpfer in Moabit inhaftiert. Von den 306 registrierten Gefangenen überlebten nur 35 das Ende der NS-Herrschaft. Infotafeln an den Parkeingängen erklären die Geschichte des Gefängnisses und erinnern an Schicksale der Insassen.

Trotz der historischen Bezüge hat der Park für den heutigen Nutzer einen hohen Erholungswert. Die Rasenflächen mit einzelnen Bäumen sind großzügig bemessen. Der Bereich neben dem Wohnkomplex an der Lehrter Straße ist mit dichtem Gehölz bewachsen, durch das sich ein Pfad schlängelt. Hier wurden Ruhezonen und Spielplätze eingerichtet. Verstreut auf dem Gelände findet man Natursteinpflaster, Gehwegborde, Schieferblockreste des Brunnens auf dem Olof-Palme-Platz am Zoologischen Garten und roten Sandstein der Moltkebrücke. Sie erinnern an die Zeit, als das Gelände Lagerplatz des Tiefbauamtes war.

Die Idee eines Geschichtsparks für das lange Zeit vergessene Areal entstand 1990. Umgesetzt wurde sie zwischen 2003 und 2006.

Invaliden-, Lehrter und Minna-Cauer-Straße, 10557 Berlin
Glaßer und Dagenbach 2003–2006
Sommers tgl. bis 21 Uhr, winters bis 18 Uhr

▷ S/U Hauptbahnhof

Natur- und Landschaftspark Johannisthal

Eine Steppe erscheint nur dem ungeübten Auge als Ödnis. Der Kundige weiß, dass auch die karge Landschaft ein Naturparadies sein kann, in dem eine Fülle von Fauna und Flora lebt und gedeiht. Das Naturschutzgebiet im Zentrum des Landschaftsparks Johannisthal ist ein eindrucksvolles Beispiel dafür: Auf der rund 26 Hektar großen Fläche wachsen zwar kaum Bäume und Sträucher, doch zwischen 1991 und 2006 sichtete man nicht weniger als 44 Brutvogelarten, von denen 11 in Berlin auf der Liste der gefährdeten Tierarten stehen. Das Gelände im Südosten der Stadt zählt damit zu den drei wichtigsten innerstädtischen Brutarealen Berlins. Vor allem die Lerchen (Feld-, Hauben- und Heidelerchen) lieben das weiträumige, steppenartige Areal, da sie ihre Gelege am Boden anlegen. Ihnen gleich tun es die Bodenbrüter Grauammer, Brachpieper und Braunkehlchen, seltene Arten, die auf der Roten Liste stehen. Am Himmel sieht man häufig Turmfalken auf der Jagd nach Kleintieren majestätisch ihre Kreise ziehen.

Auch zahllose Insekten tummeln sich auf der windigen Ebene, deren Wiese wissenschaftlich korrekt als „Trockenrasen" bezeichnet wird. Nach Angaben der Senatsverwaltung für Stadtentwicklung leben im Naturschutzgebiet ungefähr 170 Bienen- und 190 Stechwespenarten. Einige von ihnen bevorzugen den hier reichlich vorhandenen märkischen Sandboden als Brutraum. Für ängstliche Gemüter klingt diese erstaunliche Vielfalt an Varianten, die einen Stachel besitzen, eher erschreckend. Da ist es gut, dass es ebenso viele Sympathieträger namens Schmetterlinge gibt. Rund 160 Großschmetterlingsarten, darunter Bläuling, Schachbrettfalter und Schwalbenschwanz, versorgen sich im Blütenmeer mit Nektar.

Sie können dabei zwischen 245 Wildpflanzenarten wählen, die im Naturschutzgebiet gedeihen und dem rauhen Klima mit extremen Schwankungen zwischen Tag- und Nachttemperaturen, geringer Luftfeuchtigkeit und starkem Wind trotzen. Dazu müssen Blumen und Kräuter hier äußerst genügsam sein, denn der sandige Boden ist nährstoffarm. Unter diesen Bedingungen wachsen gefährdete Arten wie Heidenelke, Sandstrohblume, Wiesensalbei und Zwergschneckenklee besonders gut. Auch die Russische Hundskamille, ein botanischer Einwanderer, ist hier zu finden. Besonders schön anzuschauen sind die gelben Nachtkerzen.

Um das lebendige Treiben und artenreiche Spektrum der Steppe zu erhalten, wird die Ausbreitung von Gewächsen unterbunden, die normalerweise mit der Zeit solche Flächen überziehen. Sträucher, wuchernde Kräuter und Bäume werden gestutzt. Weidende Schafe sind dabei die gründlichsten Helfer.

Um die vorletzte Jahrhundertwende wurde das Areal erstmals frei von hohen Bäumen gehalten und damit die Entstehung des einmaligen Naturraumes gefördert. Damals diente die Maßnahme allerdings nicht dem Umweltschutz, sondern dem Motorflug: Am 26. September 1909 weihten Flugpioniere in Johannisthal den ersten Motorflugplatz Deutschlands ein.

Bis in die 1920er Jahre hinein war der Flugplatz Johannisthal von großer Bedeutung für die deutsche Fliegerei. Bereits zur ersten internationalen Flugwoche trafen sich hier die berühmtesten Piloten Europas mit ihren leinwandbespannten Holzkisten. Der Franzose Hubert Latham vollführte 1909 den ersten Überlandflug in Deutschland vom Tempelhofer Feld über Britz nach Johannisthal. 1910 hob der Flugpionier Hans Grade mit einem Eindecker ab – einer damals sensationellen Konstruktion. Bald entwickelte sich der Standort zu einem Zentrum der noch jungen europäischen Luftfahrtindustrie. Namhafte Flugzeugkonstrukteure eröffneten hier ihre Werkstätten, darunter Fokker, Albatros, Harlan, Rumpler und die Firma der Gebrüder Wright. Zu den ansässigen Fliegerschulen gehörte die Schule der ersten deutschen Motorfliegerin Melli Beese. Noch vor dem Ersten Weltkrieg wurde Johannisthal Sitz der Deutschen Versuchsanstalt für Luftfahrt (DVL).

Im Jahr 1919 begann in Johannisthal das Zeitalter des deutschen zivilen Flugverkehrs. Die Flotte der von AEG-Vorstand Walther Rathenau gegründeten Deutschen Luftreederei (DLR) nahm ihren Betrieb auf und flog regelmäßig nach Weimar zur dort tagenden Nationalversammlung. Das Firmenlogo des jungen Unternehmens ziert heute noch die Maschinen der Lufthansa: ein stilisierter Kranich. Schon bald jedoch übernahm der 1923 eröffnete Flughafen Tempelhof die Hauptrolle im zivilen Luftverkehr.

Wie schon im Ersten Weltkrieg konzentrierte sich in der NS-Zeit die Johannisthaler Luftfahrttechnik auf Rüstungsaufträge. Nach dem Ende des Zweiten Weltkriegs nutzte die Sowjetische Luftwaffe das Gelände noch bis 1952, dann ging die Ära als Flugplatz zu Ende. Fortan waren hier geheime militärische Einrichtungen der DDR angesiedelt. Die ungenutzte Fläche innerhalb des Sperrgebiets eroberte sich im Laufe der Jahre die Natur zurück.

Als der Berliner Senat Anfang der 1990er Jahre entschied,

das ehemalige Fluggelände zu einem Stadtviertel für Wissenschaft und Technologie auszubauen, reservierte man gut ein Drittel der Brache für einen Landschaftspark, dessen Herzstück das beschriebene Naturschutzgebiet ist. Das siebeneckige Areal darf nicht betreten werden. Ein zwei Kilometer langer, teilweise erhöhter Promenadenweg und Steinmauern, sogenannte „Gabionen“, die auch als Brutplätze dienen, umschließen es. Besichtigen kann man das Gelände über ein Wegenetz mit Informationstafeln. Drei Landschaftsschutzgebiete und der „Aktivpark“, ein breiter Ring, der sich um die Gesamtfläche zieht, bilden den öffentlich zugänglichen Bereich des Parks. Der Aktivpark besteht aus 30 „Kammern“, voneinander getrennt liegenden Bereichen, in denen es Spielplätze, Beachvolleyballfelder und andere Sportplätze sowie ein Areal für Inliner und Skateboarder gibt. Der Erholung und Entspannung dienen Kammern mit Liegewiesen, Themengärten oder naturnah bepflanzten Flächen.

Wright-Allee, Hermann-Dorner-Allee, Groß-Berliner-Damm
12489 Berlin; www.foerderverein-landschaftspark.de
Gabriele Kiefer 1998–2010

▷ S Schöneweide, S Adlershof

Tempelhofer Freiheit

Es ist das Land der unbegrenzten Möglichkeiten: Seit das riesige Flugfeld des ehemaligen Zentralflughafens Tempelhof öffentlich zugänglich ist, nutzt die Bevölkerung das rund 400 Hektar umfassende Areal als gigantische Spielwiese für ausgefallene Sportarten, unkonventionelle Freizeitgestaltung oder zukunftsweisende Ideen.

Schon zu Kaisers Zeiten war das Gelände zumindest an Wochenenden ein Tummelplatz der Berliner. Das zivile Vergnügen war damals allerdings eingeschränkt, da das „Tempelhofer Feld“ Militärgelände war. Soldatenkönig Friedrich Wilhelm I. (1688–1740) hatte 1720 anordnet, Ackerland südlich der Hasenheide als Exerzierplatz zu nutzen.

Später erwies sich der flache Wiesengrund am Rande der Stadt als idealer Landeplatz für die junge Luftfahrt. Im Oktober 1923 ging auf der baumlosen Weite ein Flughafen in Betrieb, 1928 wurde ein Abfertigungsgebäude errichtet. Östlich davon entstand zur gleichen Zeit der Volkspark Tempelhofer Feld, der zu den großen Parkprojekten der Weimarer Zeit gehörte. Der Entwurf stammte von Ottokar Wagler (1881–1954).

1936 musste dieser Park dem Ausbau des Flughafens weichen. Nach Entwurf des Architekten Ernst Sagebiel entstand der riesige Gebäudekomplex mit seiner 1,3 Kilometer langen Flughalle. Während der Berliner Blockade 1948/49 spielte Tempelhof, seit 1945 Stützpunkt der US-Army, die zentrale Rolle als wichtigster Umschlagplatz für eingeflogene Güter.

Die Ära als Flugplatz ging im Oktober 2008 zu Ende, und anderthalb Jahre später wurde das brach liegende Rollfeld mit seinen 40 Meter breiten und zwei Kilometer langen Pisten für jedermann geöffnet. Zehn Eingänge an drei Seiten führen in das eingezäunte Gelände.

Die Asphaltwege sind ideal für Skater, Fahrradfahrer und Kite-Surfer. „Pionierfelder“ auf den Rasenflächen werden zur Verwirklichung visionärer Ideen angeboten. Erprobt werden unter anderem neue Formen von Kleingärten.

Es gibt große Hundeauslaufgebiete und drei Grillplätze.

Die Wiesen zwischen den Start- und Landebahnen wurden zu Vogelschutzgebieten erklärt. Die seltenen Glatthaferwiesen und der Sandtrockenrasen dürfen nicht betreten werden und bieten bedrohten Vogelarten Lebensraum.

Mit Hilfe von Tafeln und Führungen kann man sich eingehend über das Areal informieren.

Auf dem ehemaligen Picknick-Areal der US-Streitkräfte nahe dem Columbiadamm befindet sich der Biergarten „Luftgarten“.

Tempelhofer Damm, Columbiadamm, Oderstraße;
www.tempelhoferfreiheit.de
Ottokar Wagler, 1925 (zerstört); GROSS.MAX. (geplant)
Tgl. bis Einbruch der Dunkelheit
Biergarten Luftgarten: Tgl. ab 11 Uhr; www.luftgarten-berlin.de

▷ S/U Tempelhof, U Paradestraße, U Leinestraße

Park auf dem Gleisdreieck

Berlins jüngster Park ist vor allem bei jungen Familien beliebt. Selten finden Kinder und Jugendliche so viel Platz für Spiel und Sport. Für jede Menge Trubel sorgen die Anwohner aus drei Innenstadtbezirken. Im Herbst steigen unzählige Drachen auf.

Der Park auf dem Gleisdreieck ist das Ergebnis 30 Jahre währender Bemühungen einer Bürgerbewegung. Stein des Anstoßes war die heute nicht mehr nachvollziehbare autofixierte Stadtplanung, die im Flächennutzungsplan des Berliner Senats von 1965 ihren Ausdruck fand. Diese Zukunftsvision von einst sah eine Autobahn mitten durch das Stadtzentrum vor, die entlang der Bahntrasse vom Schöneberger Kreuz, am Potsdamer Platz vorbei, in Richtung Norden führen sollte. Das Areal am Gleisdreieck wäre danach eine Betonpiste geworden. Der geplante Bau der sogenannten Westtangente rief die Bevölkerung auf den Plan. 1978 legte die rührige Bürgerinitiative Westtangente schließlich eine alternative Vision für die damals noch geteilte Stadt vor: die „Grüntangente". Statt

Beton, Abgas und Lärm forderten die Anwohner der dichtbebauten Innenstadtbezirke ein grünes Band zur Naherholung.

Ein erster Erfolg des zähen bis heftigen Widerstandes war, dass die geplante Autobahnschneise Mitte der 1980er Jahre zu den Akten gelegt wurde.

Trotzdem dauerte es weitere zwei Jahrzehnte, bis der Traum von der Grüntangente mit Hilfe eines Wettbewerbs für einen Landschaftsplan Gestalt annehmen konnte. Grund für die lange Verzögerung war auch, dass das vorgesehene Gelände der stillgelegten Güterumschlagplätze am Anhalter Bahnhof und am Potsdamer Bahnhof sich nach der Wiedervereinigung Deutschlands 1990 nicht mehr am Rand der Teilstadt West-Berlin, sondern im Zentrum der Hauptstadt Berlin befand – und damit im Fokus unterschiedlichster Interessen einer boomenden Metropole. Die Goldgräberstimmung in den frühen Jahren der deutschen Einheit bedrohte die grünen Hoffnungen.

Tatsächlich wurde der Alptraum der Protestbewegung in den 1990er Jahren zumindest zeitweilig wahr: Der nach der U-Bahn-Station Gleisdreieck benannte Bereich wurde größtenteils einplaniert. Für die Großprojekte des Nord-Süd-Bahntunnels und der neuen City am Potsdamer Platz entstand ein Baulogistik-Zentrum. Betonfabriken okkupierten das umkämpfte Terrain, und Bagger wühlten sich gierig in den Boden. Zugleich war jedoch festgeschrieben worden, dass zum Ausgleich für die Neubauten am Potsdamer Platz ein Park auf dem Gleisdreieck geschaffen werden sollte, sobald sich die Baumaschinen zurückgezogen hätten.

So hat sich nach 35 Jahren des Wartens und Hoffens die grüne Vision von 1978 erfüllt: Eine der größten Bahnanlagen der Innenstadt wurde in eine grüne Lunge verwandelt. Der 32 Hektar große Stadtpark ist in zwei durch einen Weg verbundene Bereiche geteilt, die beiderseits der Bahnstrecke Berlin—Leipzig liegen.

Der westliche Abschnitt nimmt das Gelände des ehemaligen

Potsdamer Güterbahnhofs entlang der Flottwellstraße ein. Er wurde 2013 eingeweiht. Zwei Jahre zuvor konnte bereits der östliche Parkabschnitt an der Möckern- und Yorckstraße von den Bewohnern in Besitz genommen werden. Neben dem Park befindet sich auch das Deutsche Technikmuseum auf dem ehemaligen Gelände des Anhalter Güterbahnhofs. Das Konzept der Landschaftsplaner Atelier Loidl sieht ferner die Erweiterung des Parks auf das Areal südlich der Yorckstraße vor. Als Verbindungswege über die starkbefahrene Straße sollen die historischen Bahnbrücken aus Stahl dienen.

Welche Bedeutung der neue Park für die Bewohner hat, wird besonders deutlich, wenn man auf der „Kreuzberger Wiese" steht. Auf dem bis zu vier Meter über Straßenniveau liegenden Plateau des einstigen Anhalter Güterbahnhofs stellt sich das Gefühl unendlicher Weite ein. Ein nicht hoch genug einzuschätzender Gewinn für die beengten Wohnverhältnisse in den umliegenden Mietskasernen aus dem 19. Jahrhundert. Zudem ist die Grünanlage ein wahres Kinderparadies. Entlang der Möckernstraße wurde ein großes, abwechslungsreiches Angebot für Kinder jeden Alters geschaffen. Vom Spielplatz „Kinderzimmer" für die Jüngsten am Zugang Obentrautstraße über den „Stangenwald" mit phantasievollen Klettergeräten aus Holz an der Hornstraße bis hin zu diversen Riesenschaukeln oder dem „Naturerfahrungsraum" mit einem Baumhaus neben überwucherten Gleisen: Alles, wovon Kinder träumen, ist zu finden – weil sowohl Eltern als auch Kinder bei der Ausgestaltung des Parks mitreden durften.

Für Jugendliche ist das Terrain gleich neben der Bahntrasse reserviert. Dort gibt es Anlagen für Basketball, Fußball und zum Skaten. Mit grobem Schotter gefüllte Flächen erinnern an die historische Nutzung des Geländes.

Ein weiterer prägender Bestandteil des Parks ist der undurchdringliche „Gleiswald", der zwischen der Bahnstrecke und der Kreuzberger Wiese liegt. Dieses Stück wildwachsender Natur, das nach dem Erliegen des Eisenbahnbetriebs Mitte des 20. Jahrhunderts auf den verwaisten Schienen entstehen konnte, ist durch einen Zaun geschützt. Das übrige Gehölz des Parks ist eine Mischung aus vorgefundenen Bewuchs – Birken, Holunder und Robinien – und geschickt ergänzten Neuanpflanzungen, darunter Kiefern.

Alle Bereiche des Parkbereichs Ost sind durch die „Möckernpromenade“ verbunden. Entlang des befestigten Rundwegs gibt es reichlich Sitzgelegenheiten. Überall sieht man Eisenbahnrelikte, etwa Prellböcke, eine Gleiswaage oder das historische Stellwerk an der Yorckstraße. Ab und an fährt sogar noch ein Zug über das Parkgelände: Für das Technikmuseum sind weiterhin zwei ebenerdige Gleise in Betrieb.

Eine weitere Promenade durchquert den Park in Verlängerung der Hornstraße. Ein Café in einem ehemaligen Stellwerk, ein Kiosk, eine Tribüne und ein Platz für das Boulespiel liegen an dieser Promenade, die „Generalszug“ genannt wird. Diese Namen bezieht sich nicht auf das Bahnzeitalter, sondern auf den so bezeichneten Straßenzug zwischen Südstern und Breitscheidplatz, der Namen preußischer Feldherrn der Befreiungskriege trägt. Ursprünglich sollte der Generalszug ein gradlinig verlaufender Boulevard mit Schmuckplätzen sein. Der Plan von 1862 wurde jedoch von der Eisenbahn durchkreuzt. Der Flächenanspruch der Potsdamer und Anhalter Bahn führte zur Unterbrechung der idealen Achse und zwang die Bülow- und Yorckstraße zu einem Umweg. Durch den neuen Park ist diese störende Barriere zwischen östlicher und westlicher Innenstadt nun aufgehoben.

Möckernstraße/Yorckstraße, Flottwellstraße, Tempelhofer Ufer, 10965 Berlin; www.parkberlin.de
Atelier Loidl 2006–13

▷ S/U Yorckstraße, U Möckernstraße, U Mendelssohn-Bartholdy-Park

Register der Künstler, Architekten und Landschaftsgärtner

Parks in Berlin

1 Schlossgarten Charlottenburg
2 Monbijoupark
3 Schlosspark Schönhausen
4 Tierpark Friedrichsfelde
5 Pfaueninsel
6 Schlossgarten und Volkspark Glienicke
7 Englischer Garten
8 Schlosspark Köpenick
9 Schlosspark Buch
10 Park am Weißen See
11 Köllnischer Park
12 Volkspark am Weinberg
13 Gutspark Britz
14 Gutspark Marienfelde
15 Bürgerpark Pankow
16 Schlosspark Biesdorf
17 Gutspark Neukladow
18 Lietzenseepark
19 Großer Tiergarten
20 Volkspark Friedrichshain
21 Volkspark Humboldthain
22 Treptower Park
23 Schillerpark

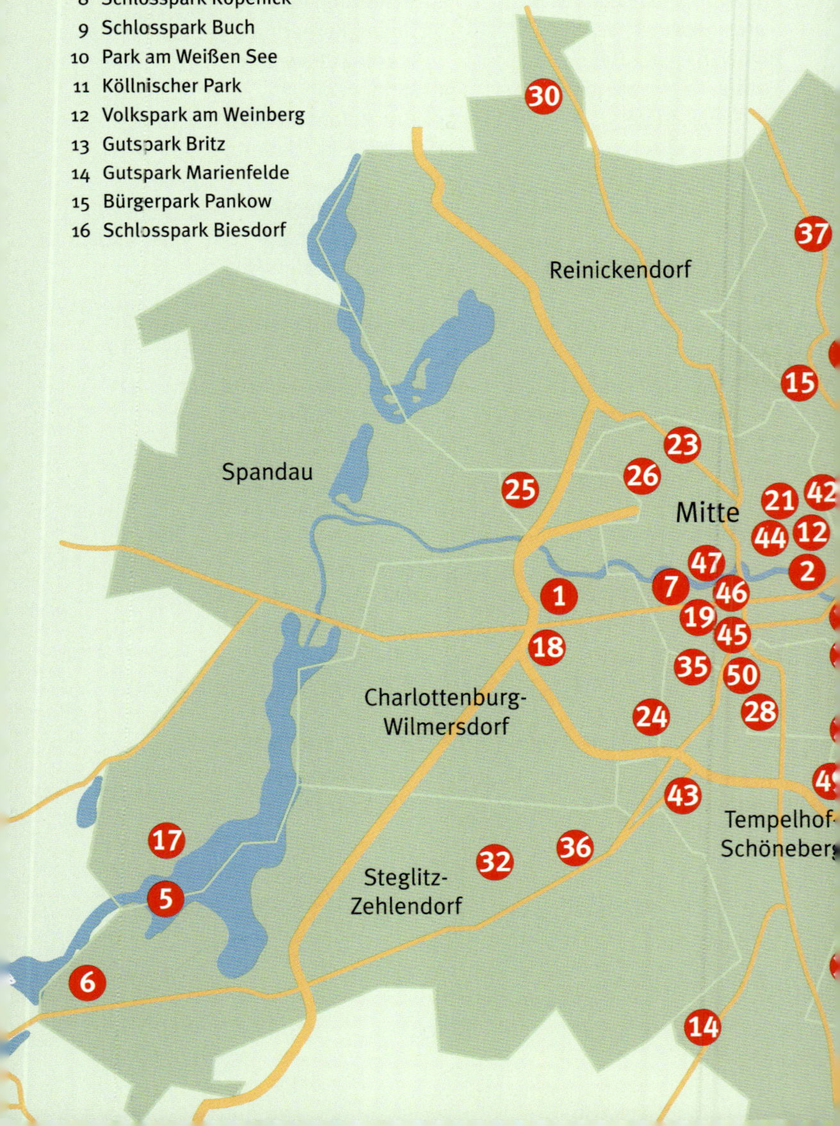

24 Volkspark Wilmersdorf/ Rudolph-Wilde-Park
25 Volkspark Jungfernheide
26 Volkspark Rehberge
27 Volkspark Hasenheide
28 Viktoriapark
29 Stadtpark Lichtenberg
30 Ludwig-Lesser-Park
31 Körnerpark
32 Thielpark
33 Von-der-Schulenburg-Park
34 Luisenstädtischer Kanal und Engelbecken
35 Heinrich-von-Kleist-Park
36 Botanischer Garten
37 Botanischer Volkspark Blankenfelde-Pankow
38 Britzer Garten
39 Gärten der Welt
40 Ernst-Thälmann-Park
41 Görlitzer Park
42 Mauerpark
43 Natur-Park Südgelände
44 Park am Nordbahnhof
45 Tilla-Durieux-Park
46 Spreebogenpark/Moabiter Werder
47 Geschichtspark Zellengefängnis Moabit
48 Natur- und Landschaftspark Johannisthal
49 Tempelhofer Freiheit
50 Park auf dem Gleisdreieck

Glossar

Aha	künstliche Geländevertiefung
Attika	Aufmauerung über dem Hauptgesims eines Gebäudes
Arboretum	angelegte Pflanzung verschiedener Bäume
Balustrade	Säulenreihe als Brüstung oder Geländer
Bastion	Befestigungsanlage
Belvedere	als Aussichtspunkt angelegtes Bauwerk
Boskett	Gruppe von beschnittenen Büschen und Bäumen
Broderie	Ziermuster einer angelegten Bepflanzung
Courtine	Verbindungswall zwischen zwei Bastionen
Fastigiata	Gewächse mit eng am Stamm anliegendem, steil aufragendem Geäst
Feston	bogenförmig durchhängende Schmuckgewinde aus Blumen, Blättern oder Früchten
Hippodrom	länglich ovale Gartenanlage
Kaskade	in Form von Stufen künstlich angelegter Wasserfall
Kenotaph	Scheingrab, leeres Grabmal
Laiterie	Meierei
Mäanderbeet	Gartenbepflanzung mit sich wiederholender, wellenförmiger Ornamentik
Menagerie	Tiergehege
Parterre	ebenerdig liegendes Geschoss eines Gebäudes
Pavillon	freistehender, offener Bau
Parasol	Sonnenschirm
Point de vue	markanter Blickfang am Ende einer Achse
Pergola	berankter Laubengang
Pleasureground	Rasenplatz
Rabatte	schmales, langes Beet mit Zierbepflanzung
Rondell	rundes Beet
Rosarium	Rosengarten
Spolie	wiederverwendeter Überrest eines älteren Baus
Staffage	schmückender Blickfang
Teppichbeet	auf flächige Gesamtwirkung angelegtes Beet
Volière	Vogelkäfig